일러두기

1. 본문의 주석은 독자의 이해를 돕기 위하여 역자가 추가했다. 주석은 소제목의 글이 끝나는 부분에 몰아서 배치했다.

2. 화씨, 마일, 피트, 야드, 인치, 에이커, 파운드 등 원문에서 사용하는 단위는 우리가 사용하는 단위로 바꾸어 표기했다.

3. 식물 이름의 경우, 읽는 데 방해가 되지 않도록 학명을 병기했으며, 필요한 경우 영어 이름도 함께 표기했다. 식물 이름은 국가표준식물목록 www.nature.go.kr/kpni/index.do 정명을 기준으로 정리하되, 일부 식물은 통용되는 이름으로 표기했다.

4. 곤충 이름은 국가표준곤충목록 www.nature.go.kr/kini/index.do을 기준으로 정리하되, 찾을 수 없는 경우 '다음백과100.daum.net' 등을 참조해 이름을 부여하거나 영문 이름을 그대로 사용했다.

5. 식물 병명은 한국식물병명목록 genebank.rda.go.kr/kplantdisease.do을 기준으로 했으며, 다양한 이름이 사용되는 경우 쉬운 이름으로 표기했다.

6. 다소 전문적이거나 애매한 의미의 용어일 경우 영어 원문을 함께 표기했다.

PLANT
PARTNERS

동반식물로
가꾸는
텃밭·정원
안내서

지은이
제시카 월리서

옮긴이
별난 농부들

목수책방
木水冊房

니키 자보르Niki Jabbour와
타라 놀란Tara Nolan,
새비가드닝닷컴SavvyGardening.com 친구들,
흙과 함께하는 나의 자매들에게

옮긴이 서문

농사짓는 일은 힘을 많이 기울여야 하지만 매우 즐거운 일이다. 즐거우면서도 맛있는, 그리고 농사의 재미를 더해 줄 책을 만났다. 그동안에는 농사를 지을 때 섞어짓기와 이어짓기에 마음을 많이 썼지만 '아! 이렇게 하면 되는구나'보다는 '왜 이럴까?', '어떻게 하면 작물들이 좀 더 건강하게 자랄 수 있을까?' 하는 생각이 먼저 들었다. 그때 과학에 근거한 재배 방법을 소개한 책이 있다는 소식에 귀가 솔깃해졌고, 읽는 동안 가슴이 두근거리며 신기한 마음마저 생겨났다. 동반식물에 관한 이 책이 지속가능한 농사를 추구하는 많은 농부가 꼭 읽어 보고 싶은 책이 되었으면 좋겠다.

책을 읽고 난 후에 우리는 어떻게 농사짓고 있는지를 되돌아보았다. 어떤 작물을 심어야 할지 결정할 때는 먼저 물 빠짐이 잘 되는 밭인가 그렇지 않은 밭인가를 보고, 그다음으로는 일조량을 보고, 어떤 풀이 잘 자라는지도 보고, 후작으로 무얼 심을지, 겨울에 해가 드는지 들지 않는지도 따져 본다. 또 지난해 어떤 작물을 심었는지, 손이 많이 가는 작물인지, 수확물의 무게는 얼마나 될지, 자주 먹는 채소인지 등도 고려해 심을 작물을 선택한다.

'우리는 식물을 먹고 있는 것인가, 거름을 먹고 있는 것인가?' 하는 의문을 가지면서, 땅에 주는 거름을 최소화하기 위하여 겨울에 부엽토와 마른 풀을 가져와 맨땅이 드러나지 않게 덮어 주는 것이 1년 농사의 시작이 되었다.[1] 건강한 농산물을 생각하며 가능하면 직파로 기르고 싶지만, 몇몇 가지과 작물들(가지, 고추, 토마토, 파프리카 등)은 봄이 오기 전에 자가채종한 씨앗으로 모종을 키우려 비닐집 안에 씨앗을 넣는다. 처음에는 관리가 잘되지 않아 쥐에게 모종판을 내어 주기도 하고, 추운 밤 집으로 가지고 오다가 모종판을 엎어 버리는 실수도 했지만, 모종 기르는 재미는 쏠쏠하다.

엄마가 농사지었던 밭처럼 상추와 쑥갓, 겨자채, 청경채를 한자리에 혼작해 보았다. 보드라운 새싹을 솎아 먹는 맛도 좋았지만 엎드려 솎아 내는 일이 힘든 일인지라, 간격을 두고 이식을 했더니 크게 잘 자라 신났다. 그런데 어느 날 큰 상추 한 포기가 푹 꺾여 있는 걸 보았다. 흙을 파헤쳐 보니 새끼손가락보다 조금 작은 애벌레 한 마리가 상추 기둥 옆에 웅크리고 있는 것이 보였다. 그때부터는 잎채소와 완두, 감자, 고추의 줄기를 싹둑 자르는 벌레들을 마구 잡아냈다. 부추와 양파를 갉아 먹는 벌레, 채종할 꼬투리에 붙어 있는 벌레, 고추 줄기에 매달려 있는 벌레를 잡는 것은 여간 힘든 일이 아니다. 몸도 마음도 다 무너지는 듯하여 어느 날부터는 벌레를 잡지 않고 '벌레를 피해서 농사짓는 방법이 무엇이 있을까?' 하며 벌레를 관찰하기 시작했다.

관찰 결과 벌레들이 식물을 왕성하게 갉아 먹는 시기가 있고, 그 시기가 지나면 사라져 버리거나 어른벌레가 되어 먹잇감을 달리하는 것 같았다. 그래서 씨 뿌리는 시기를 조정하거나, 그 채소를 기르지 않은 곳으로 밭을 옮기거나, 벌레 몫까지 넉넉하게 심거나 했다. 때로는 사람이 먹는 것을 포기하고 심지 않는 작물도 생겼다.

벌레의 성격에 따라 피하는 방법이 몇 가지 있다.
줄기를 자르는 거세미는 경운을 하면 개체 수가 많이 줄어드는데, 거세미가 갉아 먹어 생긴 빈자리에는 남겨 두었던 모종을 심거나 다른 작물을 심어 저절로 사이짓기가 이루어지게 한다.
채종할 꼬투리에 붙어 즙을 빨아 먹는 북쪽비단노린재와 잎벌레는 채종용 채소가 밭에서 겨울을 나도록 심는 시기를 잘 맞추고, 마른 풀이나 짚으로 덮어 주어서 벌레들이 활동하기 전에 씨앗이 영글도록 한다.
어린 양파의 줄기를 갉아 먹는 작고 까만 벌레는 경운을 하면 많이 줄어든다.

부추를 갉아 먹는 잎벌레는 4월에 부추를 하나도 남기지 않고 갉아 먹지만 5월 어느 날부터는 보이지 않으니, 벌레들이 먹도록 두었다가 벌레가 사라진 후부터 우리가 거두어 먹는다.

예쁘고 먹음직스러운 호박에 우르르 들어 있는 호박과실파리는 비닐집에서 모종을 내어 일찍 심으면 호박과실파리가 활동하기 전에 호박의 과피가 단단해져 알을 낳지 못하니, 가능하면 7월 전에 열매가 맺도록 시기를 맞춘다. 진딧물이 많은 채소는 그 채소만 포기째 잘라 거름더미에 넣는다. 모종을 남기지 않고 갉아 먹는 쥐며느리는 모종판이 바닥에 닿지 않게 하여 피한다. 피할 방법을 찾지 못하는 벌레들이 더 많지만, 우리의 노력으로 땅이 건강해져 식물들이 왕성하게 자라 벌레들이 있어도 굳건하게 자랐으면 좋겠다.

호박, 옥수수, 콩을 함께 심는 인디언의 '세 자매 농법'도 따라 해 보았다. 처음에는 콩 종류를 갓끈동부로 선택하여 심으니 옥수수가 힘에 부쳐 콩 대신 팥을 심기도 하고, 호박을 넉넉히 떨어뜨려 심기도 하면서, 여러 종류의 콩으로 자리를 바꾸어 가며 사이짓기를 하고 있다.

《귀농통문》(전국귀농운동본부에서 계간으로 발행하는 잡지)에 실린 '고추 4형제' 방법도 따라 해 보았다. 고추를 심고 사이에 대파, 들깨, 수수를 심는 것인데, 밭을 매다가 자연발아한 옥발토마토를 이 4형제와 함께 자라도록 두었더니 토마토가 우세종이 되었고 대파, 수수, 들깨는 대체로 잘 자랐지만 주인공인 직파한 고추의 수확량은 아주 적었다. 고추 4형제 덕분에 그해 토마토는 자랑해도 될 만큼 예쁘고 맛나고 많았다. 다음 해에 면적을 늘려 고추 4형제를 직파했다가 밭매기가 힘들어 그 이후부터 고추는 모종을 심고 있다.

내가 이상적으로 생각하는 텃밭과 정원의 모습은 이랬다. 나무가 드물게 서 있는 곳 아래에는 여러해살이 채소를 심고, 나무와 떨어진 곳에는 햇살을 좋아하는 식물을, 그리고 물기가 잘 빠지지 않는 곳에는 습지식물을 심고, 땅에 씨앗을 넉넉하게 넣어 사람, 식물, 곤충, 동물이 가까이 살면서 서로 적당한 관계를 맺으며 사는 그런 모습이었다. 하지만 작물이 잘 자라지 않는 곳에는 거름의 양을 늘리게 되었고, 벌레·고라니·멧돼지가 논과 밭에 들어와 작물들을 모조리 먹어 버려 씨앗조차 받을 수 없었을 때는 마음이 착잡해졌으며, 벌레를 잡고 울타리 망을 치면서부터는 그들과 우리 사이의 경계가 생겨나 버렸다. 처음 울타리 망을 둘렀을 때 밭에 앉아 있으면 마치 내가 밭에 갇혀 있는 느낌이 들었는데, 그것도 점점 익숙해져 처음 농사를 시작할 때의 마음은 점점 사라져 갔다. 하지만 돌아보니 벌레를 잡으면서도 잡지 않는 방법을 조금씩 찾고 있었던 것 같다.

이 책을 읽고 난 후 우리는 어떤 농사를 지을 것인가?
공동으로 농사짓는 밭은 하나씩 맡아 동반식물들의 관계를 염두에 두고 밭을 디자인했고, 실천력이 뛰어난(다소 조급하여 우리 사이에서 '저지레 대마왕'으로 불리는) 한 '별난 농부'는 이미 땅을 건강하게 하려고 바이오 숯[2]과 균배양체[3]를 넣어 지력을 높이고, 감자 사이에 밀과 청겨자를 생멀치[4]용으로 자라게 하고, 고추구더기 트랩용으로 매운 체리고추를 심어 놓고, 진딧물을 유인할 금잔화를 심고, 벼룩잎벌레가 좋아하는 청경채, 호박노린재를 유인할 한련화와 청회색 호박도 심어 놓았다. 질소고정용이 될 콩, 피복작물이 될 밀과 헤어리베치정명 벳지, Vicia villosa, 타감작용을 하는 오이 등 작물 사이에 다양한 역할을 맡은 식물들을 곳곳에 배치했다. 또 밭 언덕 한편에 작은 돌을 이용한 울타리로 화단을 만들어 회향, 금어초, 히솝, 개양귀비, 베르가못 등을 심었는데, 보고 또 봐도 예쁘다. 아마 그곳은 벌과 나비뿐만 아니라 많은 익충을 위한 공간이리라. 높은 산에 있는 그 밭에 앉아 있으면 멋진 풍광이 눈에 확 들어오는데, 올해는 여기저기에서 꽃들이 피어나고 더 다양한 식물이 나비와 벌과 어우러질 것이라 생각하니 상상만으로도 마음이 즐거워진다.

이 책이 다양한 풀과 나무와 곤충은 쫓아내야 할 대상이 아니라 함께 어우러져 서로 도움이 되는 관계라는 것을 알려 주어, 이제는 주위의 여러 곤충과 동물이 농작물에 위협적으로 느껴지지 않는다. 이 글을 쓰는 지금은 맑은 뻐꾸기 소리가 들려오고, 작은 벌레들이 작물과 풀 사이에서 고물거리고, 아까시나무꽃과 등나무꽃이 활짝 피어 있는 계절이다. 달콤한 아까시나무꽃 향 덕분에 밭에 있는 시간이 즐겁고, 그 꽃들이 벌들의 밀원식물이 되고 있다는 생각에 아까시나무와 등나무가 주위에 많이 있다는 사실이 참 고맙다.

'별난 농부들' 중 한 사람이 쓰다.

1 우리 모두가 이렇게 농사짓지는 못한다. 판매되는 퇴비를 구매하여 사용하는 경우가 많다. 물론 친환경적으로 생산된 '유기농업자재'를 사용한다.
2 일반적인 이름은 바이오차biochar다. 나무, 농작물 부산물 등을 저온(400도 내외)으로 탄화시켜 얻는 숯이다. 공극이 많아 땅에 환원되면 미생물의 집이나 수분과 영양소의 저장공간 역할을 한다. 과학자들이 세계에서 가장 비옥한 토양 중 하나인 아마존강 유역의 테라 프레타Terra Preta(검은 흙)를 연구하면서, 그 토양의 비옥도를 높인 요체가 숯이라는 사실이 밝혀졌다. 최근에는 기후변화에 대응하는 탄소환원농법의 하나로도 주목받고 있다.
3 작물 생육에 유익하게 작용하는 균류들을 배양한 일종의 퇴비를 말한다.
4 멀치mulch는 작물 주변에 잡초 억제나 수분 보전을 목적으로 사용하는 덮개를 의미한다. 생멀치는 그러한 용도로 살아 있는 식물을 활용하는 경우를 일컫는다. 보통 '멀칭'이라는 단어를 쓰지만, 영어에서는 그리 사용하지 않아, '멀치'로 통일했다.

서문

오랫동안 소위 농사 '전문가'들은 병충해를 조절하려면 특정 식물들을 인접하여 심으라고 하면서, 그저 그렇게 해야 식물이 서로 "잘 자랄 수 있기" 때문이라고 말해 왔다. 아쉽게도 그 조언을 뒷받침할 충분한 과학적 근거가 발견되지 않았기 때문에, 좋은 의도임에도 그 조합은 결과적으로 누군가의 권장사항에 불과한 것으로 여겨졌다. 그러나 이제는 과학자들이 모든 의문의 답을 알지 못한다 해도 식물 간 상호작용에 대한 이해를 바탕으로 그들이 서로 이롭게 작동하는 방식을 명료하게 설명하고 있다.

제시카 월리서는 사려 깊은 농부·정원사가 텃밭과 정원에 어떤 식물을 심을까 고민하고 관찰할 때 도움이 될 만한 내용을 이 책에 기록해 놓았다. 책 뒤의 참고문헌을 보면, 이 책의 내용이 수많은 연구의 결과물이라는 것을 알 수 있다. 많은 연구 결과와 함께 원예전문가인 저자의 헌신적 관찰과 경험은 텃밭 농사나 정원 가꾸기에서 동반식물을 이용하려는 이들을 위한 지침서가 될 이 책의 가치를 더욱 높여 준다.

만약 독자가 텃밭 가꾸기의 정석을 원한다면, 다른 책을 찾아야 할 것이다. 이 책은 텃밭을 가꿀 때 이루어지는 선택의 과정에서 이리저리 생각해 보고 실천하는, 열려 있는 마음으로 접근하는 농부·정원사를 위한 지침서다. 이 책은 어떤 식물에 어떤 식물을 인접하여 심을지 결정할 때 도움이 될 만한 과학적인 정보들을 제공한다. 단순히 특정 식물들의 조합 이상의 정보를 제공해 주고, 우리가 식물 간의 관계를 생각하도록 하며, 결과적으로 어느 때보다 최상의 텃밭을 가꾸게 해 줄 것이다.

제프 길먼, PhD
노스캐롤라이나대학교 식물정원 디렉터,
《정원 문제 해결법에 관한 진실The Truth about Garden Remedies》,《정원 가꾸기에 관한 조언 이해하기Decoding Gardening Advice》의 저자

차례

007 옮긴이 서문
012 서문
017 글을 시작하며

1 식물 협력관계의 힘

현대의 섞어짓기는
어떻게 작동하는가?

022 농사·정원 가꾸기의 현재 모습
025 동반식물 재배의 이점
030 섞어짓기의 다른 이름들
032 섞어짓기 기법에 관한 여러 연구
035 식물은 수동적이지 않다
038 식물은 어떻게 서로 영향을 주고받는가
049 다양성 = 안정성

2 토양 준비와 조절

피복작물부터
자연경운까지

054 토양 건강과 채소 텃밭
057 피복작물과 섞어짓기
059 토양 조절을 위한 동반식물
065 피복작물의 활용법
067 질소전환을 위한 동반식물
077 단단한 토양을 부수는 동반식물

3 잡초 관리

생멀치와
타감작용의 활용

084 생멀치
088 생멀치 기능을 하는 동반식물
099 타감작용을 위한 동반식물

4 지지와 구조

자연 덩굴시렁
식물

106 실용적인 아름다움
107 자연 덩굴시렁 기능을 하는 동반식물

5 충해 관리

해충 유인하기, 가두기,
속이기, 억제하기

- 138 충해 관리 전략
- 146 트랩 경작을 위한 동반식물
- 160 주 작물 위장을 위한 동반식물
- 172 산란을 방해하는 동반식물
- 185 해충의 이동을 방해하는 동반식물
- 191 그냥 섞어라

6 병해 관리

동반식물의 이용과 섞어짓기로
병해 줄이기

- 194 피복작물과 생멀치
- 202 토양 유래 질병을 관리하는 동반식물
- 211 공기 순환 개선하기

7 생물학적 조절

해충을 잡아먹는 익충을
지원하고 유인하는 동반식물

- 218 생물학적 조절이란 무엇인가?
- 222 자연적 해충 포식 확대하기
- 226 익충을 유인하는 동반식물
- 241 안식처를 제공하는 동반식물

8 수분

식물과 수분 매개 곤충의
완벽한 짝짓기로 텃밭에 더 많은
수분 매개 곤충 불러들이기

- 252 왜 토종 벌을 응원하는가?
- 257 수분을 개선하기 위한 동반식물
- 273 수분 매개 곤충을 위한 안식처 만들기

- 278 글을 맺으며
- 280 감사의 말
- 282 참고문헌
- 300 찾아보기
- 310 부록 – 주 작물별 동반식물 관계

글을 시작하며

> 원예가, 텃밭·정원 교육자, 라디오 진행자이자 자칭 과학자인 나는 동반식물 재배[1]의 장점에 관한 수많은 질문과 설명을 들어 왔다. 그들은 콩 옆에 심은 비트가 잘 자랄지 궁금해한다. 또는 브로콜리 옆에 양파를 심는다면 두 작물 모두 수확량이 늘어날지 궁금해한다. 토마토 옆에 딜을 심으면 박각시나방 애벌레가 발생하지 않는다고 주장하기도 한다. 또 바질 옆에 당근을 심으면 서로 유익하게 작용하여 둘 다 왕성하게 자란다고 주장한다. 하지만 그러한 주장을 뒷받침할 과학적 증거들이 없어 대답하기 곤란한 경우를 자주 겪어 왔다.

잘 알다시피 농부들 사이에서 섞어짓기의 역사는 오래되었지만, 과학적 검증이 부재했다는 점에서 억측에 가까운 민간전승 정도로 치부되기도 했다. 시간이 흘러 전 세계적으로 대학이나 농업기관에서 새로운 연구가 많이 이루어졌지만, 여러 세대에 걸쳐 전승된 섞어짓기 기법들을 반드시 지지하는 쪽으로 나타나지는 않았다. 대신 이런 연구들은 전혀 새로운 방식의 동반식물 재배 기법으로 우리를 안내한다. 그것은 텃밭을 다양한 식물·균류·동물의 복합체로 구성된, 그리고 그들 모두가 대규모 생명의 그물로 연결된 생태계로 인식하는 방법이다.

현대의 섞어짓기는 어떤 작물이 어떤 작물의 이웃에서 자라기를 좋아한다는 차원에 머물지 않는다. 텃밭 생태계를 총체적으로 개선하고 아주 작은 토양 미생물부터 아주 큰 옥수수에 이르기까지, 모든 유기체의 균형 잡힌 환경을 조성하는 식생 이웃 관계에 관한 것을 말한다. 그것은 한 작물이 다른 작물에 줄 수 있는 이익을 생태계 차원에서 인식하여 짝을 짓는다. 가령 작물 A는 작물 B에 영양소를 제공한다거나, 작물 A는 작물 B 주위의 잡초를 억제한다거나, 작물 B의 해충을 억제하는 익충들을 A가 유인한다거나 하는 식이다. 나중에 보게 되겠지만, 식물들은 아주 다양한 방식으로 서로 영향을 주고받는다.

오랜 세대에 걸쳐 섞어짓기는 해충 방제, 성장 촉진, 생산량 확대를 목적으로 둘 이상의 작물을 짝짓는 것으로 정의되었다. 그러한 정의는 여전히 유효하지만, 과학에 바탕을 둔 논거들로 재충전되고 있다. 오늘날의 농부·정원사는 신뢰할 만한 여러 실증 연구나 통제된 실험자료들을 접할 수 있다. 어떤 연구는 식생 공동체(식물과 동물 간, 식물과 균류 간)에 유익한 영향을 끼치는, 입이 떡 벌어질 만큼 놀라운 상호주의에 관한 것이다. 이는 텃밭과 정원에 존재하는 어마어마한 규모의 연계 그물에 관한 것이고, 이제 우리는 그 연계성에 주목해야 한다. 이 책에서는 그러한 연구들을 개괄적으로, 또 상세하게 살펴볼 것이다. 또 한 걸음 더 나아가, 이러한 연구들을 작물을 건강하게 키워 수확량을 개선할 수 있는 방식으로 재구성하여, 농부들에게 실용적인 섞어짓기 방법을 알려 주려 한다. 1장에서는 현대 섞어짓기 농법의 여러 가능성과 오래된 이 방식에 왜 새로운 접근법이 필요한지 살펴볼 것이다. 혼작, 식물 군집, 간작이 텃밭·정원[2]에서 하는 역할을 살펴볼 것이고, 다수의 학자들이 '컴패니언 플랜팅companion planting'이라는 용어가 왜 부적절하다고 생각하는지 알아볼 것이다.

오래되었지만 과학적으로 검증되지 않은 섞어짓기의 이론 중 하나는 생산물의 결정구조가 유사한 식물들은 서로 이웃하여 잘 자란다는 것이다. 또 다른 진부한 이론은 성장 패턴이나 에너지에 관한 것이다. 하지만 그런 미신적 이론보다 이웃한 작물 간에 영향을 미치는 균류 연계, 자원 경쟁, 화학물질 전달, 식물 다양성, 영양 흡수 등에 관하여 우리는 알게 되었다. 1장에서는 이러한 요인들이 각각 어떤 유효한 섞어짓기 농법의 전략으로 전환될 수 있는지 살펴볼 것이다.

2장부터 8장까지는 농사지을 때 일반적으로 발생하는 문제들을 적절한 동반식물 관계를 활용하여 극복하는 방법을 모색해 본다. 토양 활력을 증진하는 방식, 잡초 관리, 식물 연계를 이용한 해충 관리 등에 관한 내용도 포함된다. 또 식물의 병해, 수분 개선, 익충의 자연 증식 등에 관해서도 다룰 것이다. 각 장은 문제를 개괄하는 것으로 시작해 연구로 검증된 식물조합을 소개하고, 그 외에 활용할 수 있는 동반식물 재배 전략들을 다룰 것이다.

이 책 전체에서 생태계에 기반한 접근이 얼마나 중요한지를 되풀이할 것이다. 오늘날에는 지구의 초원, 사막, 숲, 농장, 텃밭·정원 대부분이 점점 획일화되어 환경 다양성의 필요성과 소중함을 일깨우고 있다. 우리가 식물 파트너십을 작게나마 정원이나 농장에 실천하는 일은 환경 다양성을 향한 첫걸음이기도 하다. 경험하게 되겠지만, 오늘날 섞어짓기 농법은 실질적이고 상당한 이익을 만들어 내고 있다. 이 책의 목적은 한 식물이 다른 식물에게 영향을 미치는 다양한 방식을 조사해 성공적인 식물 협력관계에 관한 과학을 재정립하는 것이다. 내가 그랬듯이, 이 책을 다 읽고 나서 독자들에게도 현대의 섞어짓기 농법을 이해하기 위한 완전히 새로운 지평이 열리기를 기대한다.

---

1 영어는 'companion planting'인데, 동반식물, 동반식물 재배, 섞어짓기 등의 용어로 번역했다. 대체로 동반식물 또는 동반식물 재배로 통일하려 했지만, 문맥상 크게 혼란을 주지 않는다면 특별히 구분하지 않았다.

2 원문에는 'garden'이라 되어 있는데, 텃밭과 정원 모두를 의미한다. '텃밭·정원'이라고 번역하거나 문맥상 둘 중 하나만 의미할 때는 그렇게 표기했다.

1
식물 협력관계의 힘
The Power of Plant Partnerships

현대의 섞어짓기는
어떻게 작동하는가?

누군가는 텃밭·정원이 각기 독립적인 부분으로 구성되어 있고, 농부·정원사[1]가 각각 독립적으로 관리한다고 생각할지도 모른다. 그러나 사실 텃밭·정원의 대부분은 야생의 생태계처럼 항상 상호작용하고 있다. 물론 농부·정원사가 그러한 관계 형성에 어떤 역할을 하지만, 관리되든 그렇지 않든 식물, 토양, 곤충, 균류, 미생물 등 모든 구성체는 지속적으로 서로 영향을 미치고 있다. 현대의 섞어짓기 농법은 텃밭·정원을 다양한 방식으로 서로에게 영향(식물들이 화학적 신호, 즉 뿌리 근처의 균류 네트워크를 통해 휘발성 물질이나 독성 물질들로 신호를 주고받음)을 주는 생태적 정주체계[2]로 인식하고 있다. 또 곤충 세계의 언어(상호관계)를 찾는 여러 방식도 존재한다. 많은 측면에서 이러한 관계에 대한 우리의 이해는 아직 매우 부족하지만, 그 지식을 이용하여 더 나은 농부·정원사가 되고, 더욱더 건강하고 생산성 높은 작물들을 키우고 있다.

농사·정원 가꾸기의
현재 모습

오늘날의 장식정원은 지난 시절과는 아주 다르다. 오랜 시간 동안 정원에서는 인간의 미적 기준을 중심으로 1년생·다년생 식물, 교목, 관목의 장식적 가치만 중요하게 여겼다. 인간의 미적 기준이 우선했다. 그렇지만 오늘날에는 야생 생태 복원이나 자원 보전적인 가치를 더 중요시하고 있다. 여전히 많은 사람이 인간의 관점에서 정원을 생각[3]하고 있지만, 또한 적지 않은 사람이, 인간의 시각을 넘어 존재하는 그 무엇을 제공하는 정원의 능력을 경외시하며 그것을 만들어 내고자 한다. 이런 정원사·농부는 수분 매개체 유인, 우수雨水[4] 유출 방지, 탄소고정, 관개수 절약, 공기 정화, 다양한 동물과 곤충의 안식처 제공, 그리고 생물 다양성 확보를 위해 꽃이 아름다운 식물, 교목, 관목, 지피식물地被植物을 가꾼다. 이것은 매우 용감한 시도임에 틀림없고, 다수의 정원사·농부가 이렇게 건강한 지구를 만들기 위해 노력하고 있다.

장식정원에서 이러한 변화들이 나타나고 있지만 작은 텃밭 가꾸기 쪽에서는 그렇지 못하다. 몇 세대 전의 텃밭[5]에서는 대규모 농장의 작물 재배 방식을 모방했다. 단일작물이 대오를 맞추어 늘어선 모습이 그것이다. 불행하게도 적어도 북미 대부분의 채소 텃밭은 오늘날에도 이 범주를 벗어나지 못하고 있다. 채소들이 있는 줄의 양 측면은 헛골로, 멀치가 되어 있거나 비어 있다. 식량과 관계없는 화분花粉식물[6]들은 한쪽 귀퉁이에 자리 잡거나 아예 찾아볼 수 없을 정도로 외면받는다. 채소 텃밭은 비교적 천천히 변화하고 있고, 어떤 이유에서건 그 농부들은 작물과 텃밭을 살아 있는 생태계로 인식하기보다 인간의 소비를 위해 최대치의 생산을 해야 할 대상으로 인식하고 있다.

목적이 먹을거리이거나 장식이거나 상관없이 텃밭과 정원은 생물 다양성, 우수 정화, 탄소 고정 등을 수행하는 생태계다.

그러나 아주 작은 생각의 변화가 전체 채소밭의 식물 구성에 차이를 만들어 낼 수 있다. 먹을거리 텃밭이야말로 섞어짓기 농법이 실행되어야 할 기초적인 곳이기에, 농부·정원사는 다양한 채소, 과실수, 꽃이 아름다운 식물, 허브를 함께 키우면서 나 자신은 물론 농토 전체의 생태계도 이롭게 해야 한다. 이런 농부·정원사들은 수분 매개체7를 유지하고, 토양 자원의 고갈을 막고, 자연적 방법으로 병해를 줄이는 등의 활동을 하면서도, 좀 다른 방법이지만 인간의 소비를 위한 먹을거리를 최대한 생산해 내고 있다. 틀밭, 컨테이너, 화분, 지면 플랏8 등이 식물의 관계성에 근거하여 조합될 때 그 효과는 극대화될 수 있을 것이다.

1 원문에는 'gardener'라는 단어를 사용하고 있는데, 농부 또는 정원사의 의미를 지닌다. 대체로 '농부·정원사'로 번역했지만, 문맥에 따라 농부나 정원사로 번역한 경우도 있다.

2 원문은 'habitat'다. 문맥상 '서식처'보다 포괄적이고 중요한 의미를 내포하고 있어 '정주체계' 또는 '정주체'로 번역했다.

3 가령 저 꽃은 무슨 색깔일까? 저 관목은 얼마나 자랄까? 저 작물을 유지·관리하기는 얼마나 어려울까?

4 빗물을 말하지만, 물을 모아서 관리하는 측면도 포함되어 있어 우수라 번역했다.

5 원문은 'victory garden'이다. 미국에서 제2차 세계대전 중에 유행했던 가정 채소밭을 일컫는다.

6 꽃을 피워 곤충에게 꽃가루와 꿀을 제공하는 식물.

7 식물의 수정에 도움을 주는 것으로, 대부분 곤충이다. 화분 매개체라고도 한다.

8 재배하는 작물의 경계를 구획 짓는 방식의 차이에 따라 붙여진 이름이다. 땅 위에 만든 틀에 넣어 키우거나(틀밭), 이동식 상자에 넣어 키우거나(컨테이너, 화분), 그 틀을 땅속에 넣어 키우거나In-ground plots의 차이를 말하는데, 상황과 목적에 따라 유용한 방식은 다를 수 있다.

동반식물 재배의 이점

섞어짓기의 장점과 이런 농법이 텃밭에 어떤 영향을 주는지 살펴보자. 대부분의 이점은 다음과 같은 일곱 가지 범주에 속한다.

1. 충해 줄이기

섞어짓기의 주요 목적이기도 하다. 다소 심란할 만큼 많은 연구가 있지만, 벌레가 숙주식물을 어떻게 찾는지에 관한 내용부터 충해가 심각해지기 전에 다른 것으로 유인하는 방법에 이르기까지, 매우 다양한 연구가 유용하게 쓰일 수 있다. 충해를 줄이기 위한 섞어짓기의 방법에는 유인, 포획, 속임수, 저지 등이 있다.

2. 잡초 줄이기

섞어짓기를 해서 제조체를 쓰지 않고 잡초를 억제할 수 있다면 대단한 이점이 된다. 3장에서 타감작용他感作用, allelopathy의 과학에 관해 소개하고 어떻게 활용될 수 있는지 살펴본다. 작물을 이웃하여 재배하는 일은 살아 있는 멀치를 활용하는 것과 같다. 밀집과 그늘 효과 때문에 잡초가 억제되기 때문이다.

3. 병해 줄이기

놀랍게도 섞어짓기가 특정 작물의 병해를 줄일 수 있다는 연구 결과가 계속 나오고 있다. 비록 다른 분야만큼 많은 연구가 이루어지고 있지는 않지만, 감염된 식물과 질병 유기체 간의 상호작용에 섞어짓기 농법이 영향을 줄 수 있다.

4. 지력과 토양구조 개선

주로 대규모로 농사를 지을 때 피복작물被覆作物과 녹비작물綠肥作物을 채소와 곡식의 이웃 작물로 심어 왔다. 텃밭에서도 이런 효과를 볼 수 있다. 단단한 진흙 토양의 분해나 뿌리 삼출물[1]로 토양을 개선할 목적으로 작물의 이웃 관계를 활용할 수도 있다. 질소전환을 통해서도 토양비옥도를 높일 수 있다.

5. 수분 촉진

섞어짓기는 수분 매개체를 다양화하고 개체 수를 증가시켜 전체적인 수확량을 늘릴 수 있다. 주의 깊게 작물 관계를 선별해 특정 벌들의 활동을 돕고 대상 작물의 수분율을 높이는 일이 가능하다.

6. 생태적 조절 증진

일반적인 해충들을 포식하거나 그 해충을 애벌레의 먹이[2]로 삼는 익충의 개체 수와 다양성을 증가시켜 얻을 수 있는 효과도 섞어짓기의 이점이 된다. 벌레를 잡아먹는 곤충을 유인하고 지원하는 식물체들의 조합은 생물학적 방제로 이어져, 결과적으로 텃밭에 발생할 수 있는 충해를 줄인다. 섞어짓기는 곤충들의 필수적인 먹이인 꿀과 꽃가루를 제공할 뿐만 아니라 이런 익충들의 서식지를 조성한다. 텃밭에 해충의 개체 수가 적을 경우에는 기주식물寄主植物[3]을 심어 해충을 유인하여 익충들의 먹이로 삼는 방식도 활용할 수 있다. 이런 방식은 익충들이 활동할 여지를 주어 계절에 무관하게 일정한 개체 수를 유지할 수 있도록 한다. 이러한 범주의 연구들은 많다.

7. 미적 개선

단일작물이 정원 자리를 차지하는 예[4]도 있기는 하지만, 혼작이 단작보다 매력적이지 않다고 생각하는 사람들을 찾기는 어려울 것이다. 기계 수확을 위해 줄을 맞추어 심은 농토와는 달리 텃밭·정원은 혼작에 이상적인 곳이다. 피복식물부터 나무까지 다층적인 구조를 가진 정원은 더 다양한 곤충과 야생동물을 유인하고, 섞어짓기의 본질적인 아름다움을 보여 준다.

이런 일곱 가지 이점 중 여섯 가지는 문제 해결적 관점에서 각각의 장에서 다룰 것이다. 정원의 미적인 문제는 주관적이고 개인적일 수 있으므로 여기에서는 상세히 다루지 않지만, 4장에서 그러한 사례를 살펴보도록 한다. 덩굴식물과 덩굴 지주 역할을 할 식물들의 관계를 다룰 것이다.

동반식물 재배는 수분을 돕는다는 이점이 있다.

기생말벌wasp larvae 애벌레가 담배뿔벌레tobaco hornworm로부터 나오는 모습은 텃밭에서 일어나는 생물학적 조절의 전형적인 예다.

동반식물은 얼마나 가까이 심어야 할까?

동반식물 재배를 시작하는 많은 농부로부터 "어느 정도 거리로 심어야 하나요?"라는 질문을 자주 받는다. 그 답은 "상황에 따라 달라요"이다. 물리적 거리뿐만 아니라 심는 시기도 각 동반식물 조합의 상호작용 근거와 목적에 따라 다소 다르다. 동반식물을 동시에 심기도 하고, 때로는 순차적으로 심기도 한다. 서로 근접하여 식물을 심는 경우도 있고, 몇 미터 거리를 두고 심는 경우도 있다. 식물 동반 관계는 늘 동시적으로 일어나야만 하는 것은 아니다. 이 책에는 많은 동반식물의 조합 기법과 혜택이 소개되어 있는데, 독자들은 그 내용을 읽으면서 재배 시기, 근접정도 등의 상세한 내용도 함께 이해하게 될 것이다.

---

1 살아 있는 식물의 뿌리에서 배출되는 복합물질.
2 산란을 통한 기생.
3 원문은 'banker plant'다. 해충이 보다 선호하는 식물을 주 작물 주변에 심는데, 일종의 희생용 작물을 의미한다. '천적유지식물'이라 번역할 수도 있다. 통상 기주식물은 기생식물이나 생물에 양분을 공급하는 식물을 일컫지만, 포괄적으로 사용되기도 한다. 유사한 의미의 'host plant'도 문맥에 따라 '기주식물'로 번역하거나 '주 작물'이라 번역했다.
4 가령 경사지의 지피식물(땅을 기듯 낮게 자라는 식물).

식물 협력관계의 힘

섞어짓기의
다른 이름들

식물의 이웃 관계를 연구하는 학자들의 대부분은 자신들이 연구하는 주제를 '섞어짓기companion planting'라는 용어로 부르지 않는다. 이는 아마도 여러 해 동안 이 용어가 부정적인 함의를 만들어 왔기 때문일 것이다. 대규모 경작에서는 혼작polyculture이나 간작intercropping이라는 용어가 더 자주 사용된다. 이 두 의미를 살펴보자.

혼작polyculture은 자연 생태계의 다양성을 반영하여 한 공간에 여러 종의 작물을 재배하는 농사 체계를 말한다. 병충해가 단일작물 재배지에서처럼 쉽게 만연하지 않도록 환경을 조성한다는 의미다. 섞어짓기는 혼작의 한 유형이다.

간작intercropping은 호혜적 결과를 목적으로 한 농토에 다양한 작물을 키우는 행위를 말한다. 작은 텃밭 규모에서는 사이심기interplanting를 의미한다. 간작이나 사이심기나 모두 혼작의 하나다. 몇 가지 유형이 있는데 이를 살펴보면 다음과 같다.

- 혼합간작mixed intercropping·interplanting : 작물들이 특정한 배열 없이 뒤섞여 있는 경우.
- 열간작row intercropping·interplanting : 작물들이 번갈아 가며 줄지어 있는 경우.
- 이어짓기relay intercropping : 두 번째 작물을 첫 작물 수확 전에 같은 농토에 재배하는 경우.
- 작물순환crop rotation: 이어짓기와 유사하지만 연중 다른 시기에 다른 작물을 재배하는 경우.

어떤 용어를 사용하든, 여러 작물을 인접하여 재배하면서 서로 혹은 부분적으로 혜택을 본다면 이 책에서 사용하는 섞어짓기 또는 동반식물 재배companion planting라는 용어의 기본적 정의에 해당한다. 동반식물 재배는 다양성을 만들어 내는 상업적 농법에 비하여 더 작은 규모의 간작·혼작을 일컫는다. 작은 규모에서는 여러 작물의 혼작이나 간작이 잘 적용되지 못한다 해도, 어떤 경우에도 텃밭·정원이나 그 경작자에게 해를 끼치지는 않는다. 간작을 '새로운' 섞어짓기라고 부를 수도 있다.

만약 관련 연구들에서 간작 또는 혼작이라는 용어를 마주하더라도 이는 본질적으로 섞어짓기 또는 동반식물 재배와 같은 범주의 용어라고 이해하면 된다.

사진처럼 아주 작은 규모의 채소 텃밭도 다양한 식물로 가득찬 혼작의 한 유형일 수 있다.

섞어짓기 기법에 관한
여러 연구

식물과 식물, 식물과 곤충, 또는 균류와 미생물 간의 상호관계를 실험하는 신빙성 있는 연구를 많은 과학적 문헌에서 발견할 수 있다. 가장 바람직한 관계의 식물들로 텃밭을 조성하려 한다면 꼭 보아야 할 연구가 있는 셈이다. 그렇다면 이 연구들은 왜, 어디에서, 어떻게 이루어지고 있을까? 그리고 어떻게 그 실험 결과가 우리 텃밭에서 구현될 수 있을까? 다시 말해, 그 연구 결과는 믿을 만한 것일까?

섞어짓기 기법에 관련한 연구들은 대학이나 정부 연구기관, 비영리 농업연구소, 회사나 사설 연구소, 나아가 교육·연구 프로그램을 운영하는 농장 등에서 이루어지고 있다. 연구 시설이나 농장에서는 실제 농장의 재배환경과 유사한 조건을 만들어 실험한다. 경우에 따라서는 여러 종류를 동시에 연구하기 위해 실험지를 분할해 조성하는데, 이는 연구를 신중하게 구현하고 자료를 수집하는 데 적절한 환경을 제공하기 위해서다. 그러나 실제 농장에서 일어날 수 있는 다양한 변수와 예측 불가능한 상황을 모두 감안할 수 있는 것은 아니다.

반면, 실제 농장에서 이루어지는 연구도 여럿 있다. 이웃한 식물의 관계에 대한 조사와 연구는 실제 수확이 이루어지고 있는 현장에서도 진행된다. 어떤 경우에는 상업적 대규모 농장과는 다른 작은 텃밭 규모의 농장과 실험실을 조성하여 연구를 시행하기도 한다. 그럼에도 외부 환경에서 이루어지는 섞어짓기 기법에 관한 연구는 날씨, 지형, 토양조건, 미생물, 곤충 개체 수 등에 관한 불확실성과 제약이 존재하며, 그것이 결과 해석을 혼란스럽게 할 수 있다. 어쨌든 과학자들은 동반식물 재배 기법에 관한 연구가 필요와 목적에 따라 실

용적이고 효율적일 수 있도록 지속적으로 연구를 해 나가고 있다.

연구 결과가 농장의 규모에 따라 어떻게 적용될 수 있는 지도 중요하다. 직접적인 섞어짓기 노력의 결과가 연구 결과와는 다르게 나타날 수 있다는 융통성 있는 이해가 필요할 수도 있다. 대규모 농장을 대상으로 이루어진 연구는 우리가 섞어짓기를 하는 데 사용할 수 없는 경우도 많다. 따라서 이 책에 포함할 적용 가능한 기법들을 찾는 과정에서는 더 작은 규모의 텃밭에서 이루어진 연구 결과들을 사용했다.

연구 규모를 떠나 언제나 유용한 점은 단작monoculture을 피하라는 것이다. 아마도 이것이 동반식물 재배의 가장 중요한 측면일 것이다. 대규모 농사를 짓건 텃밭을 가꾸건, 다양화가 열쇠인 셈이다.

물론 성공적인 섞어짓기를 위해서는 농부의 역할이 중요하다. 여러 연구는 중요한 정보를 제공해 주지만, 농부가 스스로 실행한 결과를 기록하고 평가하는 일이 더욱 중요하다. 세심한 관찰과 기록이 성공의 가능성을 높일 수 있다. 식물의 건강 상태와 작황뿐만 아니라 어떤 일을 했고, 하지 않았는지도 기록해야 한다. 충분히 과학적이지 않더라도 그 기록은 가치가 있다. 식물들의 관계는 무한하며, 연구자들이 그 모든 것을 관찰하거나 연구할 수는 없다. 그러니 농부가 자신의 텃밭에서 유용하게 작용하는 작물 관계를 스스로 발견하고 찾아낼 수도 있다.

이제 섞어짓기의 이점과 다양성을 실현할 수 있는 조성 사례들을 알았으니, 성공적인 섞어짓기 전략을 만들어 낼 식물의 상호작용 방식을 알아보자.

꽃이 핀 식물과 여러 채소가 함께 자리한 텃밭.

식물은
수동적이지 않다

　　　　　　　　　　　　　　우리가 일반적으로 생각하는 것과 달리, 식물은 주변 환경에 수동적인 유기체가 아니다. 식물은 어떤 자극에 노출될 때 다양한 방법으로 반응한다. 유감스럽게도 인간은 그 사실을 이제 막 이해하기 시작했다. 다음과 같은 점을 잠시 생각해 보자: 식물들은 제한된 자원을 이용해 생육하며, 서로 경쟁하고, 초식동물과 질병을 유발하는 유기체(병균)로부터 생존하고, 번식해야 한다. 전 생애 동안 한자리에 머물면서 식물들은 생존을 위해 그런 위기를 극복할, 믿을 수 없을 만큼 다양한 전술을 진화시켜 왔을 것이다.

식물들의 전술 대부분은 인간의 눈으로 확인할 수 없다. 어떤 경우는 병충해로부터 식물을 지킨다는 의미에서 본질적으로 방어적이고, 어떤 경우는 자신이나 함께 자라는 다른 유기체에 더 적당하도록(벌레나 경쟁자에게는 덜 적당하도록) 주변 환경을 변화시키기도 한다.

방어적 전략의 경우 가시, 털북숭이 잎, 날카로운 침 등과 같이 눈에 보이는 적응으로 진화하기도 하지만 대부분은 화학적 분비물을 이용하여 방어기제를 작동시킨다. 지금까지 확인된 물질들이 수만 가지 있는데 니코틴, 카페인, 타닌, 마비산quisqualic acids, 중추신경흥분제strychnine, 강심배당체cardiac glycosides, 퀴닌 등이 대표적이다. 많은 식물이 방어를 위해 이런 화학물질을 만들어 내며, 때로는 치료 목적으로 분비하기도 한다.

또 많은 식물 종이 이웃 식물들에게 곤충의 침입을 알리거나 해충의 천적을 유인하기 위한 신호의 일종으로 휘발성 화학물질을 공기 중으로 뿜어낸다. 식물들은 위험으로부터 달아나지 못하는 대신 자신을 보호하는 다양한 방법을

진화시켜 왔다.

식물들은 자신의 성장과 번식을 위해, 또는 주변 다른 유기체의 성장과 번식을 방해하기 위해 환경을 변화시키는 능력이 있다. 물론 식물은 주변 환경에 의존적이지만, 교묘한 방식으로 진화해 환경에 대응해 왔다. 어떤 작물은 키가 아주 크게 자라서 그늘을 만들어 다른 작물의 성장을 방해하거나 돕는다. 또는 아주 우람하게 자라 주변 식물들이 물과 양분을 취하기 어렵게 하기도 한다. 식물은 뿌리 삼출액으로 자신이 자라는 토양을 변화시키기도 한다. 토양의 화학적인 상태를 자신이 자라기에는 적당하고 다른 작물이 자라기에는 부적절하게 변화시키는 것이다. 어떤 식물은 다른 작물에 독성이 되는 뿌리 또는 식물 삼출액으로 다른 종의 성장을 방해하여 경쟁에서 우위를 점하기도 한다.

가시는 식물이 자신을 보호하기 위해 만든 물리적 방어기제의 하나다.

식물은 빛, 영양소, 물을 포함한 공유 자원을 놓고 서로 경쟁한다.

식물은 어떻게
서로 영향을 주고받는가

　　　　　　　　　　식물이 다른 식물들의 성장과 건강에 영향을 주는 방식에는 여러 가지가 있다. 식물 간 협력관계를 더욱 잘 이끌어내는 농부·정원사가 되기 위해 식물이 서로에게 영향을 미치는 다섯 가지 주요 유형을 좀 더 자세히 살펴보도록 하자.

1. 공유 자원의 활용

식물은 생존을 위해 자원이 필요하다. 어떤 종은 소량의 특정 자원으로도 충분하지만, 다른 종은 그 자원이 매우 많이 필요할 수도 있다. 어떤 식물은 아주 적은 양의 물로도 충분하지만, 또 어떤 종은 꾸준히 물이 공급되어야만 자랄 수 있기도 하다. 또 어떤 식물은 적은 양의 무기질 영양소를 필요로 하는 반면, 그렇지 않은 종들도 있다. 식물 종들은 필요한 영양소의 수준과 상관없이, 제한된 자원을 두고 경쟁하면서 서로에게 영향을 줄 수밖에 없다. 그러나 공유라는 방법으로 서로 영향을 주기도 한다. 동전의 양면과 같은 이 부분을 좀 더 상세히 알아보자.

자원 경쟁

경쟁은 제한된 가용자원이 줄어들면서 주변 식물에 부정적인 영향을 끼치는 관계를 의미한다. 이는 식물의 건강에 매우 중요한 요소다. 가령 잡초가 무성해진 정원이나 그늘진 곳, 영양소가 용탈溶脫된 곳에서 경쟁은 쉽게 관찰된다. 또는 경쟁 관계인 다른 나무 그늘 때문에 늦자라는 나무처럼 경쟁은 미묘하게 나타난다. 정원이나 밭에서든 자연 상태에서든 이런 자원 경쟁은 발생한다. 이는 식물의 성장, 번식, 식생 구조, 심지어는 진화에 이르는 중요한 유인 요소다.

식물은 3대 필수 요소(물, 영양소, 빛)를 얻기 위하여 서로 경쟁한다1. 이 세 가지 요소는 매우 복잡하므로 식물들이 이를 얻기 위해 경쟁하는 방식 또한 다양하다. 어떤 경우에는 주변 작물보다 빨리 뿌리를 성장시키는 방법으로 경쟁하기도 하고, 광합성을 위해 더 높게 자라면 잎과 가지가 덮개가 되어 주변에 그늘을 드리우기 때문에 다른 식물의 성장을 방해하기도 한다.

경쟁은 스트레스를 유발하여 다양한 방식으로 성장에 영향을 미친다. 필요한 자원의 공급은 모든 환경에서 제한적이고, 둘 이상의 개체가 이를 두고 경쟁할 때는 어떤 수단을 동원해서라도 이를 취하려 한다. 따라서 자원이 빈약한 곳의 식물들은 경쟁적 상황을 극복하는 방식으로 진화한다. 가령 선인장은 물을 오래 저장할 수 있는 다육의 즙 많은 조직을 갖도록 진화했고, 영양소가 희박한 암반 토양에서 자라는 고산식물은 아주 독특한 모습을 보인다. 나중에 살펴보겠지만, 섞어짓기 전략에서 경쟁은 매우 중요한 요소다. 3장에서 이를 상세히 알 수 있다.

농부와 작물에게 스트레스 요인이 되는 잡초.

수목은 그 아래에서 자라는 작은 식물이나 나무와
경쟁하지만, 실제로는 자원을 공유하기도 한다.

자원 공유

식물은 가용 자원을 두고 경쟁을 하지만, 때로는 자원을 공유하기도 한다. 빛은 공유하기 어려운 자원이지만, 어떤 식물은 최대한 지붕처럼 덮개를 이루도록 성장하거나 반대로 그것을 제한하여, 어린 새싹이 자라기에 적당한 환경을 조성하는 것으로 알려져 있다. 키 큰 나무들은 아래에서 자라는 식물들과 빛과 영양분을 두고 경쟁하기도 하지만, 깊은 뿌리로부터 끌어올린 물을 뿌리가 얕은 식물들과 나누기도 한다. 식물은 성장 과정에서 물과 영양분을 분산시키고, 이를 근처의 식물들과 공유한다.

식물이 같은 집안 식물들을 인지할 수 있다는 증거는 많다. 여러 연구에서 보면, 같은 부모에서 채취한 씨앗들이 같은 화분에서 자라면 그 뿌리들은 다른 부모에서 채취한 씨앗들보다 경쟁이 덜하다. 하지만 공격적이지 않은 뿌리의 성향이 친족에 대한 우호성 때문에 나타나는지, 아니면 더 공격적인 뿌리의 성향이 이방인 간의 경쟁 때문에 나타나는지는 의문으로 남아 있다.

4장에서 다루겠지만, 식물은 복잡미묘한 땅속의 균류 관계 때문에 자원을 공유하기도 한다.

2. 영양소 가용성과 흡수성의 개선

어떤 식물은 영양소의 증가나 흡수를 도우면서 다른 식물의 성장에 영향을 주기도 한다.

식물은 여러 방법으로 영양소를 취하는데, 물을 통하여 흡수(마그네슘이나 칼슘)하거나, 뿌리가 자라 그 영양소에 접촉하여 흡수(대부분의 영양소)하거나, 뿌리 내의 영양소 농도보다 주변 토양의 영양소 농도가 높을 때 일어나는 확산(삼투) 작용을 통해 흡수(칼륨과 인)하는 경우가 있다.

토양 내 영양소의 이동은 토양구조, 토양의 영양 농도, 토양과 영양소의 결합 강도, 특정 영양소의 이동성 등에 따라 다르게 일어난다. 이런 요소들을 변형시키면 한 식물이 다른 식물의 영양 흡수성을 개선할 수 있다. 어떤 식물은 유기물의 양을 늘리는 방법으로, 또는 단순히 뿌리의 토양 침투 작용만으로도 토양구조를 개선할 수 있다. 또 다른 식물들은 질소고정室素固定이나 영양소 흡착 등과 같은 작용으로 토양 내 특정 영양소의 가용성과 접근성을 높인다. 또 어떤 식물은 분해 후 남는 유기물로 토양에 특정 영양소를 추가하기도 한다. 농토나 정원에서 이런 작용을 하는 식물을 녹비라고 한다. 녹비작물은 영양분의 가용성과 흡수성에 긍정적인 영향을 줄 수 있어 섞어짓기에 중요하게 사용된다.

녹비작물로는 콩과식물이 으뜸이다. 콩과식물 중 질소를 고정하는 종들은 공기 중의 질소를 다른 작물들이 활용할 수 있는 형태로(2장 참조) 변환시킨다. 콩과식물은 이 필수적인 영양소를 주변 식물이나 미생물들이 활용할 수 있게 하고, 나중에 재배할 작물이 활용할 수 있게 한다. 이런 녹비작물은 큰 규모의 농장에서나 활용할 수 있을 것이라고 생각할지 모르지만, 작은 규모의 텃밭에서도 매우 유용하다.

3. 화학적 신호 체계

식물과 곤충은 공기나 토양에 노출되는 화학적 신호를 활용하여 소통한다. 가령 이런 신호의 일부는 같은 종 사이의 소통에 작동하기도 하고(곤충이 짝을 찾을 때 방출하는 페로몬을 생각해 보라), 또 다른 일부는 그들만의 왕국을 초월하여 식물이 곤충에게 메시지를 보내는 것을 가능하게도 한다.

식물 간의 소통으로만 국한해도 그 소통 방법은 다양하다. 해충이 들끓는 식물은 초식동물 유인 휘발성 물질HIPV[2], 또는 녹엽 휘발성 물질로 알려진 화학물질을 발산하기도 한다. 그 특정한 화학 성분에 따라 주변 식물에 경고하는데, 방어적인 화학물질을 생성하여 공격에 대비할 때라고 신호를 보내는 것이다. 물론 이런 휘발성 물질은 해충을 잡아먹을 수 있는 익충을 유인하기 위한 것이기도 하다. 몇 센티미터에서 수백 미터까지도 이동할 수 있는 이 물질은 포식자인 익충에게 먹이의 위치를 특정해 주는 역할을 한다. 이것은 확실히 그 식

녹비작물은 분해되면서 유기물을 남기고, 텃밭 토양의 질을 개선한다.

식물은 뿌리로 토양에 화학적 신호를 보낸다.

물이 익충에게 도와 달라는 문자를 보내는 것이라고 할 수 있다.

이웃의 성장에 영향을 주는 화학적 신호에는 여러 가지가 있다. 과밀상태의 식물은 주변 작물의 성장을 방해하는 화학물질을 방출하기도 하지만, 경쟁을 피하고자 오히려 주변 작물이 더 빨리 자라도록 토양에 특정한 화학적 신호를 방출한다는 연구 결과가 발표되기도 했다. 숲에서 나무의 가지들이 서로 닿으면, 접촉과 경쟁을 피하기 위해 크기를 제한수관기피, canopy shyness하거나, 주변과의 경쟁에서 이기기 위해 더 공격적으로 성장한다. 이런 반응은 나무 외관의 물리적 접촉으로 나타나기도 하지만, 땅속에서 식물 간의 뿌리 분비물 때문에 일어나기도 한다.

화학적 신호는 식물과 식물의 뿌리를 연결하고 있는 균사들의 네트워크로 전해지기도 한다. 이는 식물들이 서로에게 영향을 미치는 또 다른 세계로 우리를 이끈다.

그들의 언어로 말하기

과학자들은 식물의 화학적 신호 체계를 모방하여 인공적인 화학 신호를 만들었다. 상업적 재배에도, 텃밭 가꾸기에도, 충해가 발생한 곳에 포식자를 유인하기 위한 용도로 합성 HIPV가 사용되고 있다. 농토나 정원에 설치된 조절 장치로 살포하지만, 이는 매우 복잡한 일이다. 이 인공 물질이 익충을 유인하는 것은 사실이지만, 이 익충들이 계속 그곳에 있는지, 더 많은 해충을 잡아먹는지에 관해서는 여전히 논쟁 중이다.

4. 균류 연계 fungal associations

토양과 공기에 방출하는 화학물질로 식물과 식물, 식물과 곤충들이 소통한다는 사실은 이미 수십 년 전에 알려졌다. 또 토양 하부에서 균근류 mycorrhizae[3]로 알려진 다양한 균이 지구상의 식물 대부분의 뿌리를 점령했고, 이를 통하여 서로 소통하고 있음을 우리는 알고 있다. 어떤 식물은 특정 균근균mycorrhizal fungi이 뿌리를 점령하지 않으면 생존하지 못하기도 한다. 균근균은 숙주식물로부터 탄수화물을 받고 토양에 양분을 전달하는데, 심지어 식물 간에도 이런 일이 일어난다. 이들은 식물이 가뭄에 물을 더 잘 흡수할 수 있도록 도와 가뭄 저항성을 강화하기도 하고, 심지어는 수분 매개체의 방문에 영향을 끼친다는 증거도 있다. 식물의 실질적인 뿌리 영역을 넘어 확장되어 있는 이런 균사hyphae 네트워크는 식물이 접근할 수 없는 땅속의 영양소를 전달해 주는 역할을 한다.

식물의 뿌리 체계에 자라는 균근균은 식물간 방대한 네트워크를 만들고, 이 네트워크로 자원을 공유하거나 경고음을 내보낸다.

이런 균근류가 영양분의 전달뿐만 아니라 식물 간의 소통에도 이용된다는 연구도 있다. 연구자들은 균류가 식물 간의 전화 통신선 같은 역할을 하는데, 진딧물에 감염된 식물의 뿌리 균근균이 그렇지 않은 식물에게 경고 신호를 전달하여 방어하도록 한다는 것을 알아냈다.

더 복잡한 경우 어떤 식물은 뿌리 삼출물의 구성을 변화시켜 특정 균류가 조성되도록 하기도 한다. 나아가 토양 내 존재하는 균류는 어떤 작물이 근접하여 자랄 수 있는지에도 영향을 미친다. 식물과 균류의 관계는 믿을 수 없을 정도로 복잡하며, 식물의 성장에 엄청난 영향을 준다.

5. 타감작용

타감작용이란 다른 작물의 성장을 방해하는 화학물질을 생성하는 식물의 능력을 말한다. 본질적으로 이는 화학적 경쟁의 한 유형이다. 타감물질로 알려진 이 화합물은 식물의 잎, 줄기, 뿌리, 열매 등 어떤 부위에서나 발견된다. 심지어는 타감작용을 하는 식물 주변의 토양에서도 발견된다. 이 화학물질은 다양한 방식으로 주변 식물에 영향을 미친다. 뿌리나 줄기의 성장을 방해하거나 영양분의 흡수를 제약하고, 균근류와의 관계를 억제하기도 한다.

식물 종에 따라 타감물질 민감도가 다르기 때문에 타감작용을 하는 식물 주변에서 자라면서 거의 영향을 받지 않는 식물 종이 있는가 하면, 잎을 떨어뜨리고 시들시들해지거나 심지어 죽는 종도 있다. 타감물질은 땅속에 남아 있어, 그 식물이 죽거나 제거된 이후에까지 영향을 주기도 한다. 연작이나 이웃 작물로 식물을 키울 경우 타감물질의 생물학적 분해 기간에 따라 그 영향을 고려해야 한다.

모든 자연 생태계에는 타감작용을 하는 식물들이 다양하게 존재한다. 빠르게 퍼지는 침입종생태계교란종의 하나인 마늘냉이 *Alliaria petiolata*도 타감작용을 하는 식물이다. 이 식물은 다른 작물의 성장을 직접적으로 방해하는 화합물을 분비하는 것이 아니라 상상을 초월하는 방식으로 숲을 파괴하는데, 여러

침입종인 마늘냉이는 많은 나무에 필요한 균근류 네트워크를 교란하는 타감물질을 방출한다.

종류의 나무들이 성장하는 데 영향을 주는 균근류가 자라지 못하도록 억제하는 화합물을 분비한다. 침입종 수목인 가죽나무 Ailanthus altissima도 주변 식물을 도태시키는 특성을 지닌 타감식물이다. 양미역취 Solidago canadensis는 주변 식물의 성장을 방해하는 타감물질을 분비한다.

타감작용은 식물 성장에 부정적인 요소라 인식할 수도 있지만, 의외로 긍정적인 결과를 가져올 수도 있다. 자연 상태의 식물군에서 이런 화학물질을 분비할 수 있는 식물은 주변에서 경쟁적 우위를 갖게 된다. 농토나 정원에서는 이 타감작용의 힘을 잡초 관리에 활용할 수 있다. 겨울 호밀 Secale cereale이 보편적으로 연구되고 활용되는 타감작용 식물의 예다. 호밀은 모종을 키워 심는 고추, 토마토, 가지 등의 채소를 재배하는 데에는 무해하지만 잡초의 발아를 억제하는 약 16가지의 타감물질을 분비한다. 3장에서 다루겠지만, 호밀은 섞어짓기 방식에서 잡초를 억제하는 좋은 방법으로 활용될 수 있다. 긍정적인 타감작용을 위해 재배하는 또 다른 식물로는 해바라기, 귀리, 벼, 무, 알팔파자주개자리, Alfalfa, *Medicago sativa*[4], 오이 등 다수가 있다.

지금까지 식물들이 상호 교류하는 기본 방식을 살펴보았는데, 이 정보들을 재구성하여 건강하게 작물을 재배하는 데 활용하는 일은 비교적 쉬울 수 있다. 원하는 결과를 얻기 위해 식물들이 서로 돕거나 방해하는 방식을 고려하여 전략적으로 식물의 관계를 만들어 내면 된다. 앞으로 우리는 토양 유기체, 곤충, 식물의 생애가 어떻게 교차하는지 더 많이 배우게 될 것이고, 식물의 건강에 긍정적인 영향을 줄 기술을 더 많이 찾아낼 수 있을 것이다.

[1] 물론 생존을 위해 이산화탄소가 필요하지만, 이는 문제가 되지 않을 만큼 충분히 대기에 존재한다.

[2] 'herbivore-induced plant volatiles'의 약어다.

[3] 균근류는 식물의 뿌리와 공생관계인 곰팡이(균류)의 일종이다. 이와 관련해 책에 등장하는 용어로는 fungi: 균류 또는 균체, threadlike fungi(hypae): 균사(균류의 실같이 얽힌 형태적 특성을 지칭한다), mycorrhizae: 균근류, mycorrhizal fungi: 균근균이 있다. 결국 균근균과 균근류는 동의어다. 군집을 이룬다는 의미로 각 용어의 끝에 '군'을 붙여 사용하기도 했다. 책에 나오는 유사 용어 중 미생물, 박테리아(세균), 병원균 등도 정리가 필요하다. 미생물microorganisms은 육안으로 확인하기 어려운 생물을 통칭하는 용어로 바이러스, 세균(박테리아), 원생생물, 조류, 균류 등을 포함한다. 병원균pathogens은 병리학적 용어로 질병을 일으키는 바이러스, 세균(박테리아), 곰팡이(균류) 등을 일컫는다. 우리를 다소 혼란스럽게 하는 이유는 '균'이라는 말 때문인데, 생물학적 분류가 필요한 유기체에도 질병을 일컫는 용어에도 함께 사용되고 있기 때문이다. 균류(곰팡이)는 버섯류, 효모류와 함께 균계(계통 구분 용어)를 이룬다.

[4] 정명은 자주개자리지만 식재료로 사용할 때는 알팔파로 많이 사용하기에 알팔파로 표기한다.

다양성 = 안정성

인공적으로 조성된 환경이긴 하지만, 텃밭·정원은 다채로운 방식으로 교감하는 다층의 유기체들로 이루어진 생태계다. 이 장의 앞부분에서 살펴보았듯이 텃밭·정원을 생태계적 가치가 있는 정주처로서 인식하는 것은 매우 새로운 일이다. 텃밭·정원은 그곳에 사는 뭇 생명의 존재를 인정하고 감사의 마음으로 만들어지고 관리될 때, 비로소 예쁜 꽃과 먹을거리가 자라는 곳 이상의 의미를 갖게 된다. 그래야 야생 공간의 파괴와 개발로 남은 빈 공간을 채울 수 있는 중요한 환경으로 변모하게 된다. 농부·정원사는 텃밭·정원이 많은 생물에게 먹을거리, 둥지, 월동을 위한 서식지를 제공할 수 있게 한다. 이와 같이 텃밭·정원이 다양한 기능을 할 수 있으려면 식물 다양성만큼 중요한 요소는 없다.

다양성diversity은 텃밭·정원에 있는 서로 다른 식물 종의 수를 의미하고, 구조적 복합성structural complexity은 그 식물들의 다양한 생장 습관과 구조를 말한다. 텃밭·정원이 이 두 가지를 염두에 두고 설계되고 가꾸어질 때, 안정성이 뒤따르게 된다.

다양한 작물이 혼재되어 자라는 것이 단일작물을 대규모로 재배하는 것보다 훨씬 더 안정적인 생태계를 조성한다. 우리는 단작이 충해를 늘리고, 토양의 양분을 고갈시키고, 수분 매개체나 익충의 활동을 약화시키거나 병해를 퍼지게 한다는 것을 오래전부터 알고 있었다. 대규모 농사에서 단작은 재배와 수확을 수월하게 하고, 작물 가공(가령 소스용 토마토, 피클용 오이, 튀김용 감자) 공정의 일관성을 담보한다. 반면 식생의 다양성과 구조적 복합성은 대체적으로 익충과 생물 다양성에 우호적인 환경을 만들고, 벌레와 병균에는 불리한 환경을 조성하게 된다. 다양한 식물을 섞어 심으면 병충해의 피해로 한 종이 피해를 보더라도 상쇄할 여지가 있다는 점은 두말할 나위 없다. 더불어 다양성은 토양의 양분이 고갈되는 것을 막고, 같은 구역에서 더 많은 수분 매개체가 활동할 수 있게 한다.

그렇다면 어떻게 섞어짓기를 해야 훨씬 다양하고, 그래서 안정적이고 병충해가 적은 텃밭·정원을 만들 수 있을까? 물론 섞어짓기는 매우 여러 가지 방법으로 그 다양성을 만들어 낸다. 활용하게 될 섞어짓기 기법들이 본래 목적은 다를지라도 다양성과 복합성은 부가적으로 나타난다. 상호 간의 이점을 위해 둘 이상의 작물을 짝지어 심게 되면 필연적으로 식물의 다양성이 증가할 수밖에 없다.

어떤 섞어짓기 기법의 경우에는 텃밭·정원에 다양성을 높이는 것 자체를 목적으로 이루어지기도 한다. 5장에서 살펴보겠지만, 식물 다양성의 증가를 목표로 하는 섞어짓기 기법은 벌레가 숙주식물을 찾는 것 자체를 어렵게 만든다. 또 해충의 산란을 방해하고 교란하거나 축출하는 역할을 한다. 의도했든 그렇지 않든 간에 텃밭·정원의 생물 다양성을 높이는 일은 곧 한층 균형 잡히고 안정적인 환경을 만드는 일과 같다.

남쪽풀색노린재가 진주수크령 줄기에서 짝짓기하고 있다. 동반식물 재배 기법은 해충이 특정 작물을 발견하기 어렵게 만든다.

동반식물 재배는 다양성을 확보하는 일이다.

2
토양 준비와 조절
Soil Preparation & Conditioning

피복작물부터
자연경운1까지

여러 세대에 걸쳐 농부들은 해마다 봄이면 작물을 심기 위해 서둘러 경운기를 끌고 나가 밭을 갈아 곱고 부드러운 흙으로 만드는 일을 해 왔다. 경운기가 없는 농부는 삽과 쇠스랑을 이용해 손으로 밭을 갈아야만 했다. 매년 반복되어 온 이 전통은 모종지기 흙을 부드럽게 하고 작물의 성장을 더욱 좋게 하기 위해서였을 것이다. 그러나 우리가 토양 내 유기체의 다양성과 이러한 유기체가 식물의 성장을 돕는 복잡한 방식에 대해 더 많이 알수록 이런 토양 교란 행위가 작물에게 반드시 이익이 되지는 않는다는 사실이 점점 더 분명해지고 있다.

토양 건강과
채소 텃밭

균사는 식물 뿌리 근처에 군집을 형성하고, 식물이 만든 탄수화물을 공급 받는 대가로 수분과 영양분 흡수를 돕는다. 그런데 경운을 하거나 그 밖의 방식으로 토양을 교란하면 이 균사의 균체가 망가진다. 1장에서 이런 균근류의 활동을 소개했다. 이런 유익한 유기체들은 숲이나 초원에서만 활동하는 것이 아니라 농지나 수목원, 다년생 경계림, 그리고 우리의 텃밭·정원에서도 활동한다.

균근류와 맺는 관계는 두 가지 방식으로 나타난다. 균근류가 뿌리 세포에 침투해 있으면 내생균근, 토양 주변에서 발견될 때는 외생균근이라고 부른다. 대부분 목본2에서 발견되는 균류는 외생균근인데, 멀치, 토양 표면, 낙엽 더미에서 발견되는 하얀 실 모양의 균체들이 그것이다. 반면, 채소 텃밭이나 꽃밭 주변에서 주로 발견되는 균체는 내생균근이다. 이는 뿌리 세포에 직접 침투하여 토양으로 확장한다. 이런 경우 때로 육안으로 관찰할 수도 있지만, 대체로 쉽게 눈에 띄지 않는다.

내생균근의 도움으로 식물들이 영양분을 취하는 것을 관찰할 수 없다고 해서 이 관계가 텃밭·정원에서 이루어지지 않는다는 의미는 아니다. 건강한 토양에는 균류의 포자가 다량 포함되어 있어, 발아하여 토양과 식물의 뿌리 근처로 침투하는 일이 자연스럽게 이루어진다. 1장에서 본 것처럼 균근류는 종류가 다른 식물들의 뿌리를 연결하고 영양분의 전달이 이루어지도록 돕기도 한다. 다년생 초목들에 비해 1년생 식물에게는 이들의 역할이 덜 중요해 보이겠지만, 절대로 그렇지 않다. 이들은 영양소를 전달할 뿐만 아니라 토양입자를 점착하거나 연계하고, 유기물 분해로 영양분을 방출해 토양구조를 개선한다.

건강한 토양은 수백만의 생물체를 품고 있으며, 대부분은 사람의 눈으로 볼 수 없다.

텃밭 표면에 규칙적으로 유기물을 더해 주면 토양 구조나 하부의 균류 네트워크를 파괴하지 않으면서 토양을 개량할 수 있다.

또 토양 매개 병원체의 발현을 억제하기도 한다.

경운기를 돌리는 것은 토양 내의 이런 생명 그물을 파괴하고, 토양을 거처로 삼는 많은 곤충을 해치고, 결국 토양구조를 망가뜨린다. 토양 경화도 균류 네트워크에 부정적 영향을 미친다. 물론 파종을 할 때나 모종을 심을 때 땅을 건드리는 것은 피할 수 없겠지만, 그 정도를 최소화할 필요가 있다. 계절마다 경운하는 대신 토양을 그대로 두고 2.5~5센티미터 가량의 멀치를 하라. 자른 잎이나 부엽토, 퇴비는 좋은 멀치 재료다.

땅을 갈고 파는 대신 식물 성장에 유익하도록 토양을 건강하게 하는 자연적인 방법들이 있다. 이 장에 소개되는 동반식물 재배 기법을 활용하면 토양의 구조와 비옥도를 개선하고, 질소를 고정하며, 심지어는 단단해진 진흙을 부술 수도 있다.

토양의 준비와 조절을 위해 사용할 수 있는 섞어짓기 기법은 세 가지 정도가 있다. 첫째는 유기물이 풍부한 토양을 만드는 피복작물을 재배하는 것이고, 둘째는 질소 이동을 위해 콩과식물을 활용하는 것이다. 마지막은 굳은 토양을 부수는 단단한 뿌리나 뿌리 삼출물을 지닌 식물을 활용하는 것이다. 이 세 가지 방법을 자세히 다루기에 앞서 피복작물과 그 역할에 관해 먼저 소개한다.

---

1 영어 원문은 'living rototiller'로 직역은 '살아 있는 경운기'지만, '자연경운'으로 의역했다. 문맥상 '살아 있는 경운기'라 번역하기도 했다.

2 줄기나 뿌리가 물관부를 만들고 해마다 생장을 계속하는 식물로, 통상적으로 나무를 의미한다. 초본에 대응하는 용어다.

피복작물과 섞어짓기

피복작물은 휴경지나 수확 전후의 농토에 비수확 작물로 심는다. 먹을거리 작물과 동시에 심지는 않지만, 다른 식물들에 많은 혜택을 준다는 점에서 피복작물 심기는 섞어짓기(동반식물 재배)의 한 유형이라 할 수 있다. 대규모 농토에 유용하다고 알려진 방법이지만, 작은 규모의 텃밭·정원에도 마찬가지로 도움이 된다.

피복작물은 적절히 사용하면 매우 유익하다. 그 이점은 다음과 같다.

- 토양 침식 감소
- 다양한 익충의 정주처 조성
- 병해 억제
- 토양 심층 영양소를 토양 표면으로 이동
- 토양에 유기물 첨가
- 피복작물이 콩과식물(뒤에서 설명)이라면, 질소고정 효과
- 토양비옥도 증가
- 토양구조 개선
- 생물 다양성 증가
- 잡초 성장 억제

이러한 내용은 이 책의 여기저기에서 설명하겠지만, 이 장에서는 토양의 구조와 조건을 개선하는 의미에 초점을 두기로 한다. 다른 장에서는 수분 매개체와 익충의 서식 돕기, 잡초 경감 효과 등을 다루게 된다. 책에서 보겠지만, 피

복작물 활용은 농지 규모에 상관없이 매우 유익한 시도가 될 것이다. 전형적으로 가을이나 봄에 심는 피복작물은 자라게 두었다가 주 작물을 심기 전에 자르거나 토양에 돌아가게 한다. 건강하고 생산적인 토양을 가꾸기 위해 피복작물을 활용할 때는 주 작물에 알맞는 피복작물을 선택하고, 적절한 계절을 선택하며, 적절한 작물 관리 기술과 짝을 이루는 것이 중요하다.

따뜻한 계절용 vs. 추운 계절용

피복작물에는 따뜻한 계절용과 추운 계절용, 이렇게 두 유형이 있다. **따뜻한 계절용**은 봄이나 여름에 재배하는데, 주 작물을 재배하기 전이나 휴경지에 활용한다. **추운 계절용**은 주 작물을 수확한 후 늦여름이나 초가을에 식재한다. 겨울이 오기 전 발아하여 자랄 수 있도록 충분히 일찍 심는 것이 중요하다. 추운 계절용 피복작물 중에는 겨울을 버티고 봄에 자라나는 것도 있지만, 겨울에 얼어 죽는 것들도 있다.

토양 조절을 위한 동반식물

수십 종의 피복작물이 있지만, 텃밭·정원에 활용하기에 모두 적절하지는 않다. 어떤 종은 충분히 깊게 자르지 않으면 침입종이 되기도 하고, 적절한 시기에 자르지 않으면 씨앗을 많이 퍼뜨리기 때문에 무성해져서 텃밭을 점령하는 것들도 있다. 그래도 충분히 활용할 수 있는 피복작물들이 남아 있다.

여기에 소개하는 피복작물은 쉽게 잘 자라는지, 손쉽게 구할 수 있는지에 따른 것이다. 모두 토양 유기물과 보습력을 높이고, 토양입자가 비옥하고 잘 부스러지는 토양입단(여러 개의 토양입자가 뭉쳐서 이루어진 토양 덩어리)으로 잘 뭉칠 수 있도록 해 준다. 또 피복작물이 분해되면 다른 유익한 미생물의 먹이가 되어, 유기물이 작물의 영양분으로 흡수된다. 질소고정을 하는 콩과식물과 바이오매스(유기물 자원)를 제공하는 피복작물(나중에 많은 양의 유기물을 토양에 더해 주는)을 함께 활용할 수도 있다. 가령, 겨울 호밀과 크림슨클로버정명 진홍토끼풀 씨앗을 함께 뿌리거나 동부와 메밀을 따뜻한 계절용 피복작물로 함께 뿌릴 수 있다.

귀리

귀리는 추운 계절용 피복작물이다. 영하의 온도에서는 죽기 때문에 이른 계절에 식재하거나 추위에 강한 작물(가령 상추, 무, 완두, 브로콜리나 양배추 같은 십자화과식물)을 식재할 때 유용하다. 처음 피복작물을 활용하는 이들에게는, 겨울에 죽어 다음 해 봄에 그 잔여물 위에 작물을 식재할 수 있다는 점에서 귀리가 최선의

귀리는 초보자들에게 아주 유용한 피복작물이다.

선택일 수 있다. 3장에서 다루겠지만, 귀리는 잡초 성장을 억제할 뿐만 아니라 잔여물을 분해하는 과정에서 토양에 다량의 유기물을 제공한다는 점이 가장 중요하다. 만약 귀리가 죽지 않을 정도로 따뜻한 지역이라면 봄에 꽃이 필 즈음 잘라 눕히면 된다. 귀리를 생멀치 재료로 사용해도 된다(94쪽 참조).

메밀

1년생 메밀은 주키니, 토마토, 가지, 고추 등과 같은 봄작물을 심기 6~8주쯤 전에 뿌리는 따뜻한 계절용 피복작물이다. 적절한 시기에 잘라 줄 수 있도록 충분히 거리를 두고 옥수수 사이에 줄을 맞추어 심을 수도 있다. 또 여름에 휴경지의 피복작물로 심을 수도 있다. 발아와 성장이 빨라 꽃이 필 때 잘라야 하며, 그냥 두면 자연 발아하여 우세종이 되어 버릴 수도 있다. 꽃이 피기 시작한 1주일 이내에 예초기나 잔디 깎는 기계로 잘라야 한다. 규모가 작을 경우에는 낫을 이용하여 손으로 자를 수도 있다. 잘린 메밀을 멀치로 사용하면, 토양 미생물의 먹이가 되어 땅에 유기물이 풍부해진다(65쪽 '피복작물의 활용법' 참조).

겨울 호밀

겨울에 죽지 않는 추운 계절용 피복작물은 가을에 파종하고 이듬해 봄에 자라게 한다. 꽃이 필 즈음에 베어 자연 발아하지 않도록 해야 한다. 겨울 호밀의 잔여물은 멀치로 남겨 두거나 갈아엎을 수도 있다. 3장에서 살펴보겠지만, 겨울 호밀의 잔여물은 다른 작물 성장을 억제하는 타감작용을 해서 잡초 억제에 도움을 준다. 더욱이 겨울 호밀의 잔여물에서 발견되는 부식 속도에 관여하는 미생물과 유기물은 토양의 부양력을 높이고 개선한다는 측면에서 으뜸이다. 호밀을 자른 직후에 심으면, 잡초 씨앗들의 발아를 방해하여 모종으로 심는 가지, 호박, 고추, 토마토 등의 여름 작물 재배에 최고로 좋다.

메밀

추위에 강한 겨울 호밀 싹이 눈을 뚫고 올라왔다.

크림슨클로버 진홍토끼풀

크림슨클로버는 내한성이 있는 1년생 초본으로 추운 계절용 또는 따뜻한 계절용 피복작물로 활용할 수 있다. 성장 속도가 비교적 완만하며, 질소를 고정해 다른 작물에 도움을 줄 수 있는 콩과식물이다. 펜실베이니아의 한 연구에 따르면, 크림슨클로버는 1000제곱미터당 약 8킬로그램의 질소를 다음에 심는 식물에 제공할 수 있다고 한다. 토양에 질소를 공급하여 건강하게 할 뿐만 아니라 꽃이 필 때까지 자라게 두면, 좋은 밀원이 되어 수분 매개체와 익충 유인에도 좋다는 연구도 있다(8장에서 다룬다). 겨울의 최저 기온이 영하 23도 이하로 내려가지 않는 곳에서는 늦여름에서 가을까지 파종하여 봄에 꽃이 필 즈음에 잘라 준다. 더 추운 곳에서는 겨울에 죽는데, 잔여물은 멀치로 활용하면 된다. 이때 크림슨클로버는 적절한 때에 자르면 다시 자라지 않는다. 겨울 피복작물로 크림슨클로버를 사용하면 질소를 많이 필요로 하는 옥수수와 잎채소 재배에 유용하며, 크림슨클로버는 작물을 심기 전에 잘라 준다. 휴경지에서 따뜻한 계절 피복작물로 크림슨클로버를 키울 경우에는 봄이나 여름에 아무 때나 파종해도 된다. 다만 씨앗을 맺기 전에 잘라 주어야 한다. 크림슨클로버는 생멀치로 활용할 수도 있다(89쪽 참조).

겨울 밀

겨울 밀은 추운 계절용 피복작물로 활용된다. 늦여름에서 초가을 사이에 심는데, 겨울 토양의 침식을 막고, 급격한 동결-해동 과정에서 보온 역할을 한다. 겨울을 난 겨울 밀은 다른 곡물 피복작물에 비해 봄에 잘라 주는 것만으로도 쉽게 죽는다. 뿌리가 광범위하게 뻗어 봄에 경운을 하는 것은 매우 어렵지만, 꽃이 필 무렵 잘라 잔여물을 그대로 두면 경운할 필요도 없고 다시 자라지도 않는다. 덩굴성 작물인 호박, 저장용 호박, 오이 등은 겨울 밀 잔여물에서 특히 더 잘 자란다.

크림슨클로버

겨울 밀의 연녹색 여린 싹이 땅을 뚫고 올라왔다.

동부·남부 완두

따뜻한 계절용 피복작물의 하나인 동부*Vigna unguiculata*는 이른 봄부터 여름 사이에 씨를 뿌리는데 1000제곱미터당 약 34킬로그램의 질소를 고정하는 탁월한 작물이다. 아주 빠르게 발아·성장하고 내건성이 강해 매우 훌륭한 여름 피복작물이다. 파종한 이후 수 주가 지나 꽃이 피기 시작하면, 씨를 맺기 전에 베어 준다. 동부는 서리에 취약하다. 상추, 시금치, 케일 등의 가을 잎채소를 재배하기 전에 동부를 심으면 좋다.

동부는 꽃이 피기 시작하면 예초해 주어야 한다.

피복작물의
활용법

작물을 수확하고 난 후 추운 계절용 피복작물의 씨를 파종하라. 따뜻한 계절용 피복작물의 씨앗은 이른 봄에 파종하면 된다. 굳이 씨앗을 흙으로 덮을 필요는 없다. 꽃 피는 시기까지 자라게 하라. 어떤 추운 계절용 피복작물은 겨울에 죽고, 어떤 것은 봄까지 자라기도 한다. 꽃 피기 시작할 무렵 자르거나 베어 토양에 눕혀 두면 된다. 너무 일찍 자르면 다시 자라서 꽃을 피울 수 있으니, 꽃이 필 때까지 기다렸다가 가능한 한 밑동까지 자른다.

베거나 자른 다음에는 경운하여 토양에 섞을지 말지를 고민해야 한다. 소위 '경운 상쇄tilling trade-off'에 대한 고민이다.[1] 앞에서 다루었듯이 경운은 많은 면에서 파괴적이지만, 어떤 피복작물은 갈아엎는 것이 재생을 막는 최선의 방법일 수도 있다. 물론 경운이 피복작물의 잔여물과 흙이 섞이게 해 분해를 돕고, 이때 방출된 영양분은 하층 토양 미생물의 먹이가 되기도 한다.

농토의 질이나 농부의 성향은 각각 다르다. 경운할지 말지는 농부의 선택이다. 하지만 크림슨클로버같이 겨울을 난 피복작물을 제때 베지 못하면 되살아나서 경운할 수밖에 없는 경우도 있다. 겨울에 얼어죽거나 적기에 밑동 가까이 예초한 피복작물은 굳이 흙과 섞을 필요가 없다.

경운을 하든 하지 않든 피복작물을 베거나 경운한 후 약 2~4주 정도 기다린 뒤에 작물을 재배하면 된다. 예초 후 기다렸다가 식재하는 것은 피복작물의 잔여물이 주 작물을 심기 전에 분해되게 한다는 점에서 매우 중요하다. 싱싱한 피복작물의 잔여물은 작물의 성장에 해로운 미생물이 폭발적으로 활동하도록 자극할 수도 있다. 하지만 몇 주가 지나면 이런 활동은 수그러든다.

토양 준비와 조절

피복작물로 메밀을 재배할 때, 씨가 맺히기 전에 잘라 주는 것이 중요하다.

한 농부가 녹비용 피복작물을 잘라 잘게 쪼개고 있다.

질소전환을 위한 동반식물

질소를 만들어 내는 살아 있는 식물을 재배하는 것이 섞어짓기의 두 번째 방법이다. 질소는 모든 식물에게 필요한 3대 영양소 중 하나다. 질소는 단백질과 엽록소의 중요 구성 성분이며, 잎채소의 성장을 돕는다. 식용할 수 있는 잎을 만들어 내고 크게 성장하는 채소 작물(가령 상추, 시금치, 양배추, 케일, 옥수수)은 열매 작물(가령 오이, 토마토, 고추, 수박)보다 더 많은 질소가 필요하다. 열매 작물에게는 질소가 필요없다는 뜻이 아니라, 잎채소 생산물을 늘리려면 더 많은 질소가 필요하다는 의미. 질소는 매우 휘발성이 강해 쉽게 소진될 수 있다. 질소는 토양 내에서 매우 빠르게 이동하기 때문에 질산염과 암모니아 같은 일반적 형태의 질소는 토양으로부터 쉽게 빠져 나와, 토양 내에 이 영양소가 부족해지는 상황이 생기게 된다.

질소는 대기 중에 가장 풍부한 원소이며, 대기 중에서는 항상 두 개의 분자가 붙어 있는 형태(N_2)로 발견된다. 대부분의 식물은 성장의 동력으로 대기 중의 질소를 사용하지 못하기 때문에, 대신 흙으로부터 흡수한다. 질소를 얻기 위한 식물과 토양 미생물 간의 격렬한 경쟁은 토양 내 질소 결핍을 더욱 악화시킨다. 식물 아래쪽 잎이 누렇게 되는 것은 질소 부족 때문이다. 질소가 부족한 새잎이 오래된 잎으로부터 질소를 빼앗아 성장하기에 나타나는 현상이다. 몇몇 다른 식물 종들과 함께 완두와 콩과식물들은 공기 중의 질소를 취하여 식물이 활용할 수 있는 형태로 변환하는 특별한 능력을 갖추고 있다. 이를 질소고정이라 부른다. 이 과정이 일어나려면, 콩과식물은 특화된 박테리아(대체로 리조비아)와 공생 관계를 맺어야 한다. 이 박테리아는 식물의 뿌리를 점령하여 결절을 형성한다. 이 결절 내부에서 박테리아는 식물이 만들어 낸 당류와 교환을 전제로 질소를 고정하여 숙주식물과 주변 식물의 성장, 발달, 번식을 위해 사용할 수 있는 화합물로 만든다.

콩과식물이 죽어서 분해되면, 그곳에 나중에 심게 되는 작물은 콩과식물과 뿌리 결절 내에 있던 질소를 활용할 수 있다. 이 때문에 농부가 콩과식물을 녹비로 활용하는 것이다. 질소고정 식물은 살아 있는 동안에도 다른 작물과 질소를 공유할 수 있다. 뿌리에서 스며나오는 삼출물, 또는 성장기 동안 종종 뿌리 결절이 죽어서 떨어져 나가면서 질소가 흙 속으로 유입된다. 콩과식물이 고정한 질소는 균근류 네트워크를 통해 이웃 작물로 전달되는데, 놀랍게도 질소의 20~50퍼센트가 콩과식물에서 다른 작물로 전달된다. 한 연구에 따르면 콩과식물은 1000제곱미터당 2.5~5.5킬로그램의 질소를 전환할 수 있다.

이런 유형의 살아 있는 식물의 협력관계는 식물의 성장과 수확물 증대를 위해 활용할 수 있고, 토양비옥도를 높여 상업적 비료의 사용을 줄일 수 있게 해 준다. 질소를 고정하지 못하는 작물과 콩과식물을 섞어 심으면 매우 유익하다. 농부의 눈에는 질소고정 과정이 보이지 않지만, 식물의 건강과 생산량에는 큰 영향을 미칠 것이다.

어떤 콩과식물은 다른 것에 비해 질소를 더 잘 고정한다. 토종 콩과 완두는 동부, 누에콩, 대두에 비해 훨씬 적은 양의 질소를 고정하지만, 비교적 적은 양의 질소가 필요한 작물들과 섞어 짓는다면 충분히 유용할 수 있다. 나중에 소개할 섞어짓기 기법들은 질소질 비료의 추가 소비를 줄이고 자연적으로 건강한 채소를 많이 생산해 낼 수 있도록 돕는다.

다음에 소개할 식물 협력관계가 잘 작동하려면 두 작물을 가깝게 심어야 하고, 적어도 작물이 자라는 동안 흙을 뒤엎지 말아야 한다. 두 작물을 수확한 뒤에는 콩과식물의 잔여물이 분해되어 남아 있는 질소가 토양에 잘 축적될 수 있도록 한다.

콩과식물과 박테리아의 공생 관계는 뿌리 결절에서 일어난다. 부수거나 잘라 보면, 결절 내의 산소 수준을 유지하는 단백질인 근립 헤모글로빈 덕분에 붉은빛을 띤다(마치 우리 핏속의 헤모글로빈처럼).

덩굴강낭콩 + 감자

2010년의 한 연구에 따르면, 초록 강낭콩이나 노란 강낭콩 같은 덩굴강낭콩 *Phaseolus vulgaris*을 감자와 함께 심으면 감자 괴경(양분 저장을 위해 팽창된 땅속줄기)을 크게 만든다고 한다. 덩굴강낭콩은 많은 양의 질소를 고정하지는 않지만, 그 질소를 주변 작물과 공유하기 때문이다.

이런 동반관계는 감자와 콩을 한 줄 건너 심거나, 하나의 줄이나 구역에 둘을 섞어 심는 것으로 효과를 볼 수 있다. 어떤 방법을 선택하든 두 작물을 동시에 심어도 되고, 감자를 심고 나서 몇 주 뒤에 콩을 심어도 된다. 온화한 기후의 지역에서는 이른 봄에서 여름 사이 아무 때나 감자를 심어도 된다. 콩은 뿌린 지 몇 주 뒤에나 질소고정을 시작하고, 감자도 몇 주가 지나야 자라기 시작하기 때문에 이 협력관계의 시기를 유연하게 조절할 수도 있다.

누에콩 + 단옥수수

누에콩 *Vicia fava*은 질소고정 콩과식물 중 으뜸이다. 1000제곱미터당 약 24킬로그램의 질소를 고정한다. 누에콩은 질소고정 피복작물로 오랫동안 활용되어 왔다. 한 연구에 따르면, 옥수수를 심기 전에 누에콩을 피복작물로 활용하여 비료 사용량을 반으로 줄일 수 있었고, 질소를 많이 필요로 하는 다른 작물에도 그 관계를 활용할 수 있다고 한다. 누에콩은 피복작물로만 쓰지 않아도 되고, 섞어짓기로 재배할 수도 있다.

완두처럼 누에콩도 여름보다는 이른 봄에 파종하는 추운 계절용 작물이다. 더위에 잘 견디며 16~18도에서 잘 자란다. 누에콩 같은 콩과식물은 박테리아와 관계를 형성하고 주변 작물과 질소를 공유하기까지 시간이 소요되기 때문에 섞어짓기를 할 때 시간 조절을 잘해야 한다. 첫째, 누에콩은 되도록 이른 봄에 심는다. 수 주가 지나 서리의 위험이 지나간 다음 옥수수를 심는다. 누에콩은 계속 자라 옥수수와 질소를 공유하고 100일이 되면 여물어 수확할 수 있다. 누에콩을 수확한 뒤에는 그 자리에 그대로 둔다. 그래야 뿌리와 잔

덩굴강낭콩 + 감자

누에콩 + 단옥수수

여물이 분해되면서 토양에 더 많은 영양소를 남길 수 있다.

누에콩을 옥수수와 번갈아 심거나 인접한 두 줄에 심는데, 가급적이면 옥수수와 약 25센티미터 정도 거리를 두고 심는다. 이런 샌드위치 모양의 줄은 옥수수같이 바람을 매개로 수분이 이루어지는 경우를 포함하여 다른 작물의 수분이 잘 이루어질 수 있도록 필요한 공간을 확보해 준다.

동부 + 고추와 큰 키 이식 작물

동부는 온화한 계절에 적당한 질소고정 동반식물인데, 피복작물로도 쓸 수 있다. 동부는 가뭄에 강한데, 뿌리를 깊게 내려 땅속의 수분을 토양 표면으로 끌어올리기 때문이다.

캘리포니아에서 이루어진 한 연구에 따르면 동부는 잡초를 억제하고 질소를 공급해 주는 역할을 한다. 동부는 타감작용을 해서 작은 씨앗들의 발아를 억제하는 경향이 있다. 이 때문에 동부를 동반식물로 심을 때에는 직파로 키우는 것이 아니라 모종으로 이식하는 작물과 함께 심는 것이 중요하다. 동부는 잡초를 억제하는 생멀치용으로도 심을 수도 있다(97쪽 참조).

동부는 서리의 위험이 지난 봄에 심는 것이 최적이다. 고추, 토마토, 여름 호박, 가지와 같이 모종으로 키우는 키 큰 작물은 어린 동부 옆에 나란히 심으면 된다. 동부를 수확하여 먹으려면 피복용이 아닌 제비콩편두, black-eyed pea 같은 품종을 심는다.

완두 + 상추

이 동반식물 관계는 여러 가지 이유에서 잘 작동한다. 첫째, 완두와 상추Lactuca sativa는 가을이나 봄에 재배하는 추운 계절용 작물이다. 둘째, 완두는 덩굴손을 내어 타고 오르는 작물이고 상추는 지표에 붙어 자라므로, 형태적으로 잘 맞는다. 초여름이 되어 기온이 오르면 상추는 꽃대를 올리는데(추대라 불리는 과정), 완두의 그늘이 추대를 늦추어 더 오래 상추를 수확할 수 있다.

동부 + 고추와 큰 키 이식 작물

완두 + 상추

완두는 균근 네트워크로 질소를 제공하고, 뿌리 삼출물 등으로 상추의 성장을 돕는다. 앞서 언급한 것처럼 상추는 두툼하고 즙이 많은 잎을 만들려면 적절한 질소 수준이 필요한 잎채소다. 이 동반관계를 활용하려면 완두와 상추를 서로 측면에 위치하도록 줄로 나란히 심거나 한 줄에 둘을 번갈아 심는데, 완두는 지지대나 울타리를 설치해 주어야 한다.

풋콩Edamame + 가을 잎채소류

대두Glycine max는 대규모 농토의 피복작물로 활용되거나 식용·상업 작물로 재배된다. 스시 식당에서 먹는 '에다마메'라 부르는 연녹색 콩꼬투리(풋콩)가 덜 여문 대두라는 사실을 아는가? 맛에 따라 여러 품종이 재배되는데, 풋콩은 덜 여문 대두다. 물론 말린 콩이나 피복작물로는 또 다른 특성의 품종이 선택되기도 한다. 품종은 다양하지만 모두 질소를 고정한다.

콩과식물인 대두는 아주 탁월한 질소고정 작물이다. 피복작물로 심으면 1000제곱미터당 약 15킬로그램의 질소를 만들어 낸다.

대두는 심고 몇 주 지나면 질소를 고정하기 시작하는데, 이는 수개월 동안 지속된다. 따라서 서리 위험이 없어진 후 봄에 콩을 파종하고, 늦여름에 씨를 뿌리는 케일, 콜라드, 시금치, 근대 등 추운 계절용 채소를 동반식물로 삼으면 좋다. 한 줄 건너 심는 방법으로 근접한 잎채소류들이 대두가 만들어 놓은 질소를 충분히 공유할 수 있다.

토양 준비와 조절

파종 전
콩 씨앗 침종[2] 하기

콩과식물의 뿌리에 군생하여 질소를 고정하는 리조비아 박테리아는 대부분의 건강한 토양, 특히 전에 콩과식물을 재배한 적이 있는 토양에 많이 존재한다. 하지만 파종 전에 박테리아 배양액에 침종해 두면 빠르게 균류의 군체 형성을 촉진할 수 있고 고정하는 질소의 양을 늘릴 수 있다. 완두와 콩을 위한 수백만 마리의 박테리아 배양액은 시중에서 구할 수 있다. 다양한 종류의 배양액이 있는데, 완두와 콩에는 콩과근립균*Rhizobium leguminoserum*이 좋다.

다른 종의 박테리아에는 전동싸리근립균*Sinorhizobium meliloti*과 브래디라이조비움*Bradyrhizobium japonicum*이 있는데, 알팔파, 클로버, 대두 등의 다른 콩과식물에 유용하다.

여러 가지 박테리아 접종법이 있는데, 배양액 상품 포장에 적절한 접종법이 소개되어 있다.

1 경운으로 얻는 것과 잃는 것을 비교하여 판단을 한다는 의미다.
2 파종 전에 씨앗을 물이나 용액에 담가 불리는 것.

단단한 토양을 부수는 동반식물

토양 유지와 관리에 활용할 수 있는 세 번째 방법은 굵은 뿌리와 뿌리 삼출물로 단단한 토양을 부수는 역할을 하는 동반식물을 심는 것이다. 여기에 소개하는 동반식물은 단단한 토양을 부수는 것이 주목적이지만, 피복작물로 심으면 그 작물이 죽어 분해될 때 유기물과 영양소를 추가하여 토양구조를 개선한다는 부수적인 이점도 있다. 이런 점에서 유용한 세 가지 작물을 소개한다.

메밀

토양에 유기물과 영양소를 공급하는 메밀의 힘은 이미 언급했지만, 그에 더하여 그 뿌리에서 나오는 삼출물이 단단하게 다져진 토양을 부드럽게 만들어 주기 때문에 더욱 유용하다.

식물 뿌리에서 스며나오는 삼출물에는 당분, 아미노산, 효소, 비타민 등 다양한 요소들이 응축되어 있다. 이 삼출물은 식물의 성장에 직간접적으로 영향을 미친다. 근권으로 불리는 뿌리 근처는 뿌리 삼출물을 통하여 여러 가지 방법으로 상호작용하는 미생물 유기체들로 가득 차 있다. 질소를 고정하는 결절을 형성하는 박테리아도 뿌리 삼출물에 반응하고, 균근균(균사를 이루는 균류의 균체)의 형성도 뿌리 삼출물에 영향을 받으며, 심지어 어떤 식물은 영양소를 만드는 특정 토양 미생물을 키워 내고 근권의 이온 농도를 변화시키는 데 삼출물을 이용하기도 한다. 이 삼출물은 토양의 화학적·물리적 특성을 변화시킨다.

단단한 토양에 메밀을 피복작물로 심으면, 메밀 뿌리 삼출물이 토양입자가 달라붙는 방식에 변화를 주고, 물과 영양소가 움직일 수 있는 경로를 만들어 준다. 또 메밀의 근권에서 발견되는 미생물 군체들이 토양의 구조를 개선한다. 메밀은 타감물질을 만들어 잡초의 성장을 억제하기도 한다(3장 참조).

메밀 뿌리는 단단하게 다져진 토양을 부드럽게 만드는 데 유용하다. 하지만 씨앗을 맺기 전에 잘라주어야 한다.

사료용 무의 길고 두툼하며 곧은 뿌리는 살아 있는 경운기 역할을 한다.

사료용 무

이 품종은 샐러드용 무와는 다르다. 뿌리가 길고 끝으로 갈수록 가늘어지는 무는 물과 공기의 순환을 개선하기 위해 피복작물로 심는데, 자연 드릴처럼 딱딱한 흙을 파고들어 부수는 놀라운 특성이 있다. 길고 두툼한 뿌리 덕택에 사료용 무Raphanus sativus var. longipinnatus는 토양의 경질화(큰 덩어리를 작게 부수기 쉬운 정도)를 완화하는 '자연 경운기'의 역할을 한다.

사료용 무와 같은 직근류는 압력으로 단단한 토양을 밀고 들어가 통로를 만들고 토양 경질화를 개선한다. 사료용 무의 뿌리는 50센티미터 이상 땅속으로 깊게 자라 수직으로 긴 공간을 만들며, 약 180센티미터에 이르기도 하는 가늘고 긴 근모를 가지고 있다.

사료용 무의 또 다른 이점은 자라면서 땅속 깊은 곳에서부터 양분을 끌어올린다는 점이다. 겨울에 죽고 잔여물이 썩으면서 그 영양분이 토양 표면에 자리하게 되고, 뒤이어 심는 작물은 이를 쉽게 흡수할 수 있다. 뿌리는 토양에 열린 통로를 남긴다. 사료용 무는 영하 7도 이하로 떨어지는 지역에서는 얼어 죽는데, 따뜻한 곳에서는 다음 해 봄에 꽃을 피울 때까지 살아 있어 이런 용도로는 적절하지 않을 수 있다.

피복작물용 동반식물로 사료용 무를 이용할 때는 품종을 잘 선택해야 한다. 그라운드호그Groundhog, 그라자Graza, 소드부스터Sodbuster, 틸리지래디시Tillage Radish, 에코-틸Eco-Till 같은 품종은 식용으로 육종된 다이콘Daikon 무보다 더 알맞고 덜 비싸다. 서리가 내리기 대략 6주 전, 늦여름이나 초가을에 파종하는데, 뿌리는 겨울이 되어 죽기 전까지 계속 자란다. 무는 빠르게 썩기 때문에 다음 해 봄에 다른 작물을 심을 수 있다.

이 동반식물 기법은 경운을 하지 않고 농사를 짓는 농부가 토양 생물 체계와 균근류 네트워크를 파괴하지 않고도 단단한 토양을 부드럽게 만들 수 있다는 점에서 특히 유용하다. 씨앗은 너무 깊게 심지 말아야 한다. 뿌리가 커지지 못하기 때문이다. 텃밭에서도 1000제곱미터당 약 0.8~1킬로그램 정도의 씨앗 비율을 유지하여 파종하면 된다. 많은 연구에서 자연드릴링biodrilling이 나중에 심게 될 작물의 뿌리 성장에 도움을 주고, 채소들이 가뭄 저항성을 가질 수 있게 해 준다는 사실을 밝혔다.

순무

저녁 밥상에 순무Brassica rapa subsp. rapa가 올라오는 것은 좋아하지 않을 수도 있겠지만, 순무는 경질 토양 완화에 아주 유용하다. 순무는 단단한 땅을 부수는 아주 훌륭한 추운 계절용 피복작물이다. 대부분의 순무 종은 사료용 무처럼 뿌리가 길고 곧지는 않지만, 몇몇 종은 표층 아래까지 뿌리를 뻗도록 육종되었다. 우리가 먹는 순무는 토양 위로 올라온 전구 모양의 뿌리다. '아핀 Appin'은 길고 아래로 가늘어지는 뿌리를 가진 순무로 자연드릴용 동반식물로 적당하다.

자연드릴용 피복작물로 순무를 활용하려면, 혹한이 오기 6주 전 늦여름에 심는다. 1000제곱미터당 약 0.1~0.3킬로그램 정도의 씨앗, 혹은 그 비율로 파종하면 된다. 사료용 무와 비슷하게 영하 7도 정도의 기온은 견뎌 낸다. 만약 겨울을 난다면 꽃이 필 때 잘라 주면 되고, 잔여물은 몇 주면 분해되어 따뜻한 계절용 작물을 심을 수 있다.

긴 직근 뿌리를 지닌 순무 종들은 다져진 토양을 일구는 데 유용하다.

3
잡초 관리
Weed Management

생멀치와
타감작용의 활용

섞어짓기는 두 가지 방식으로 잡초를 줄이는 데 활용할 수 있다. 첫째는 생멀치로 경쟁하는 잡초에 그늘을 드리우거나 밀려나게 하는 방법이고, 두 번째는 1장에서 다룬 타감작용을 활용하는 방법이다. 특정 작물에서 나오는 성장 억제 화학물질은 잡초와 싸우는 데 유용하다. 우리는 특정 작물 주변의 잡초를 억제하기 위해 생멀치용 동반식물과 타감작용을 하는 작물에 관해 알아볼 것이다.

생멀치

수확하려는 작물 옆이나 주변에 함께 심는다는 점을 제외하면, 생멀치 식물은 본질적으로 휴경지에 심는 피복작물의 확장된 유형이다. 왕성하게 자라는 생멀치 식물이 잡초의 성장 억제에 매우 탁월한 효과가 있다는 사실이 입증되었다. 물론 그 정도는 많은 요소의 영향을 받으며 가변적이다. 생멀치 식물은 잡초와 가용 자원을 두고 경쟁한다는 점 이외에도 빛을 차단하여 잡초 씨앗의 발아를 방해하는 역할을 한다. 피복작물처럼 생멀치 식물도 토양 침식을 억제하고, 익충의 정주처를 늘려 주며 생물 다양성을 확대한다. 꽃을 피우는 생멀치 식물을 활용하면, 수분 매개체들을 불러 모을 수 있다. 생멀치는 충해 조절을 돕는 유익한 육식곤충과 포식기생충이 다양해지도록 한다. 앞장에서 살펴본 바와 같이 콩과식물을 생멀치 식물로 심으면 추가로 질소 공급량도 늘릴 수 있다.

생멀치 식물과 함께 채소를 심으면 균근류의 활동이 증가해 작물이 건강해지고 수확량도 더 늘어난다는 점을 지적하는 연구도 많다. 균근류 네트워크는 단작보다 혼작 상태에서 훨씬 더 확대되며, 동반식물이 영양분과 물에 쉽게 접근할 수 있도록 돕는다. 더 다양한 작물 조합을 구현한 텃밭·정원이 병해 발생에 더 강하다는 연구가 다수 존재한다는 것은 굳이 언급할 필요도 없다. 5장에서 어떻게 동반식물 재배 기법이 병해 발생을 줄이는지 더욱 상세히 다루기로 한다.

전형적으로 키가 작은 식물을 키 큰 주 작물과 동반하여 심으면 경쟁이 덜하다는 점에서 키가 작은 식물은 최선의 생멀치 식물이 된다.

사진 속 붉은토끼풀을 비롯해 많은 생멀치용 식물은 수분 매개 곤충과 다른 익충을 돕는다. 꽃이 필 때는 그들에게 밀원을 제공하고, 그렇지 않을 때는 좋은 안식처를 제공한다.

포도밭에 크림슨클로버를 생멀치로 추가하여 심어 놓은 모습이다. 이 식물은 잡초를 조절할 뿐 아니라 해충을 먹는 익충을 불러 모으기도 한다.

생멀치용 동반식물 활용 방법

- 텃밭에 한 줄 건너 생멀치 식물과 채소를 심는다.
- 줄이나 구역으로 심은 키 큰 주 작물 바로 아래에 생멀치 식물을 키운다.
- 전통적으로 사용되던 짚이나 파쇄목 대신 통로에 생멀치 식물을 심는다.
- 채소를 심은 줄이나 구역 주변을 따라 좁고 길게 생멀치 식물을 심는다.
- 생멀치 식물을 과수원에 퍼뜨리거나, 나무 아래에 퍼뜨린다.
- 생멀치 식물을 포도 기단(밑동) 주변 또는 포도원의 줄과 줄 사이에서 재배한다.

특정 작물에 맞는 생멀치용 동반식물을 선택할 때는 심사숙고해야 한다. 가령 다년생인 타임백리향, Thymus vulgaris, 토끼풀Trifolium repens, 알팔파 등은 1년생인 채소보다는 과실수나 포도원에 적합한 생멀치 식물이다. 일반적으로 1년생 작물은 1년생 생멀치 식물과 함께 심고, 다년생은 다년생과 함께 심지만 엄격한 규칙은 아니다. 줄 맞추어 심거나 텃밭 통로를 따라 심기에 적당한 다년생 작물은 많이 있는데, 자기 구역을 넘어 주 작물의 영역을 침범하여 자라지 않도록 잘 관리해야 한다.

생멀치 식물이 다 자랐을 때의 높이도 고려해야 한다. 상추나 무처럼 작은 작물들과 달리 토마토, 고추, 덩굴작물, 과일이나 견과류 나무와 같이 키가 큰 작물들은 키가 큰 생멀치 작물과도 크게 경쟁하지 않는다. 마지막으로 추운 계절용 멀치와 따뜻한 계절용 주 작물의 조합이나 그 반대의 조합일 경우에는 비교적 융통성이 있지만, 생멀치 식물과 주 작물을 짝지을 때는 반드시 서로 비슷한 성장 조건을 가지고 있어야 한다.

생멀치 식물을 키우려면, 어떤 간작 기법을 사용하든 그 멀치 식물의 재배 적기에 맞게 파종해야 한다. 생멀치 식물을 수확하려는 작물의 주변이나 사이에 심으려면, 경쟁을 피할 수 있도록 주 작물 모종의 아주심기(수확할 때까지 재배할 곳에 심는 것) 조금 전이나 후에 씨를 뿌리는 것이 좋다. 베리류나 포도, 과실수 아래에 생멀치 식물을 키우려 한다면 1년생은 봄에, 다년생은 봄이나 가을에 씨를 뿌려야 한다.

최선으로 관리하기 위해서는 가끔씩 생멀치 식물을, 특히 콩과식물일 경우에는 예초하거나 잘라 주어서 주 작물과 경쟁하지 않게 하고, 그 잔여물이 분해되어 영양소가 땅으로 돌아갈 수 있도록 해야 한다. 첫 번째 예초는 생멀치 식물의 높이가 아주심기 한 주 작물의 높이만큼 컸을 때, 주 작물이 더욱 잘 자랄 수 있도록 해 준다. 가령 크림슨클로버를 생멀치 식물로 토마토 주변에 심었다면, 크림슨클로버가 토마토와 키가 비슷해진 시점부터 한 해에 몇 차례 예초하여 그 잔여물이 토마토의 영양분이 되도록 한다.

메밀의 새싹이 땅에서 올라오고 있다.

잠재적 장애물

생멀치 식물을 활용하는 것에는 몇 가지 단점이 있다. 생멀치 식물이 잡초를 이겨 내야 하지만 주 작물과 빛, 물, 영양소를 두고 지나치게 경쟁할 수도 있으므로 반드시 주의 깊게 동반관계를 만들어 가야 한다. 또 어떤 생멀치 식물은 너무 많이 씨를 맺어서, 꽃이 핀 뒤에 제때 예초하지 않으면 잡초처럼 성가시게 될 수도 있다. 생멀치 식물을 작물 사이에 줄로 심었든 그 아래에 심었든 간에 정기적인 예초는 필수다. 예초할 때 잔디깎기 기계, 줄 예초기나 큰 낫, 손낫, 손 예초기와 같은 수동 도구를 사용하려면 시간과 에너지가 필요하다.

만약 생멀치 식물과 동반하여 심은 작물 간에 경쟁이 걱정된다면, 같은 구역에 섞어 심지 말아야 한다. 대신 통로에 심거나 주 작물 사이의 특정한 줄만 심도록 하라. 이 방법을 쓰더라도 생멀치 작물이 지나치게 크지 않도록 적절히 예초해 주어야 하지만, 이렇게 하면 경쟁을 줄일 수 있다.

생멀치 기능을 하는 동반식물

생멀치는 관리가 어렵기는 해도 건강한 텃밭을 만드는 데 커다란 도움이 된다. 지금부터 주 작물을 잘 키우기 위해 활용하는 몇 가지 생멀치용 동반식물 조합을 살펴보자. 이 조합은 물리적 경쟁으로 잡초가 자라는 것을 억제하기도 하지만, 타감물질을 생성하여 잡초 관리에 다각적으로 접근할 수 있게 해 준다.

크림슨클로버 + 십자화과식물

크림슨클로버는 피복작물로 종종 사용되는 1년생 콩과식물이다. 제법 키가 크게 자라지만 규칙적으로 예초하여 길들일 수 있다. 크림슨클로버는 두툼한 깔개처럼 땅을 덮어 잡초의 성장을 억제하고, 익충들에게 먹을 것과 집을 제공하여 그 밀도를 높게 만든다. 브로콜리, 양배추, 싹양배추, 케일, 콜리플라워 같은 십자화과식물과 함께 크림슨클로버를 심었을 때 나타나는 효과를 극찬하는 연구는 매우 많다. 크림슨클로버를 주 작물 이랑 사이 고랑에 심거나 작물 주변에 심어라. 그리고 씨를 맺기 전에 예초하라. 겨울 기온이 영하 18도 이하로 떨어지는 곳에서 크림슨클로버는 동사한다.

붉은토끼풀 + 겨울 호박저장용 호박

붉은토끼풀Trifolium pratense은 잡초를 억제하고 토양을 부드럽게 하는 역할을 한다. 남부 지방에서는 2년 정도 자라는 다년생 풀이다. 북부 지역에서는 월년초(겨울에 씨뿌리는 한해살이풀)에 가깝다. 다른 콩과식물처럼 질소를 고정하여 주변 작물과 나누기도 하고, 죽어서 분해되어 흙 속에 남기기도 한다. 이 붉은토끼풀은 왕성한 뿌리로 흙을 고정하고, 두툼한 깔개처럼 땅을 덮어 익충에게 집을 제공해 준다. 여러 차례 깎아 내도 빠르게 성장하여 생멀치로 유용하게 사용된다.

붉은토끼풀과 겨울 호박은 잘 어울리는 동반식물이다. 왕성하게 자라는 붉은토끼풀은 겨울 호박의 구역에서도 잡초를 이기고, 겨울 호박의 덩굴이 그 위로 이리저리 자랄 수 있게 한다. 연구에 따르면, 겨울 호박과 한 줄 건너서 토끼풀을 심을 때 가장 효과가 좋다고 한다.

토끼풀 + 딸기·블루베리

딸기류Fragaria x ananassa와 토끼풀Trifolium repens의 조합은 매우 유익하다. 이 경우 섞어심기보다는 줄 맞추어 심는 것이 적절하다. 여러 생멀치 식물을 실험한 연구에서, 딸기를 수확하기 직전에 그 사이에 줄지어 심은 생멀치 식물을 예초했다. 그중 토끼풀이 예초를 한 이후에도 계속 자라, 땅을 피복하는 데 가장 좋았다. 또 예초 후 잘려 나간 잔여물이 다른 작물들에 비해 가장 빨리 분해되었다. 두 작물을 인접하여 혼작하는 것은 지나친 경쟁을 유발하여 부정적인 효과를 가져오기 때문에 피해야 한다.

블루베리 밑동에 토끼풀을 생멀치로 활용했을 때도 유사한 효과가 있다. 이 경우에는 자주 잘라 낼 필요는 없으며, 토끼풀이 고정한 질소가 블루베리에게 잘 전달된다.

토끼풀 + 토마토, 고추, 가지 등의 큰 키 작물

토끼풀은 작물의 고랑이나 작은 과실수, 과수원에서 영구적인 생멀치용으로 활용하기에 매우 좋다. 토끼풀은 다년생 기질 덕에 한곳에 내내 머무는 키 작은 콩과식물이며 약 영하 34도 아래에서도 겨울을 난다. 성숙했을 때의 키가 다른 여러 종류의 토끼풀이 생멀치로 활용된다. '야생의 흰Wild White' 토끼풀은 자주 밟고 다녀도 잘 자라는 매우 키가 작은 품종이다. '네덜란드 화이트'나 '뉴질랜드 화이트'는 중간 높이로 자라고 다른 종보다 더 빨리 꽃을 피운다. 키가 큰 종들은 30센티미터 정도로 크게 자라, 채소와 함께 생멀치 식물로 심기에는 다소 부적절하다.

한 연구에 따르면 토끼풀을 여러 채소 사이 사이에 생멀치 식물로 심으면 잡초 억제 효과가 상업적인 제초제를 쓰는 것 못지않다고 한다. 더욱이 토끼풀은 다른 생멀치 작물에 비해 그늘에서도 잘 자라기 때문에 토마토, 고추, 가지 등과 같은 키 큰 작물들과 함께 심으면 더욱 좋다. 토끼풀은 씨를 맺지 못하도록 예초하는 것도 비교적 쉬운 편이다. 캘리포니아에서 이루어진 한 연구에 따르면 토끼풀은 진딧물을 잡아먹는 벌레나 포식 기생말벌의 기주식물이 되어 브로콜리에 발생하는 진딧물을 현저하게 줄인다고 하니, 이 점도 알아 두자.

땅토끼풀 + 다양한 채소

땅토끼풀Trifolium subterraneum은 1년생 겨울 콩과식물이다. 땅토끼풀은 땅콩처럼 수정된 꽃에서 줄기가 나와 땅속으로 들어가 열매를 맺는다. 단옥수수Zea mays var. saccharata, 페포호박Cucurbita pepo, 양배추Brassica oleracea var. capitata, 덩굴강낭콩Phaseolus vulgaris, 토마토 같은 작물과 함께 땅토끼풀을 심으면 잡초의 성장을 억제하는 데 탁월한 효과를 보일 뿐 아니라, 작물의 수확량에도 부정적인 영향을 전혀 주지 않는 것으로 알려져 있다. 땅토끼풀을 심은 실험군과 심지 않은 실험군 사이에는 잡초의 양 차이가 매우 컸다.

땅토끼풀은 영하 9도 이하로 떨어지는 북부 지역에서는 겨울을 나지 못한다.

하지만 캘리포니아의 아몬드 농장에서는 매우 일반적으로 활용되는 생멀치 식물로, 자가번식하며 겨울을 난다. 서브클로버Subclover라고도 불리는 땅토끼풀은 키가 작고 질소고정 능력이 탁월한 콩과식물이다. 이 식물을 주 작물 이랑 옆에 심으면 마치 두툼한 깔개처럼 땅 위를 덮는 줄기와 잎이 잡초의 성장을 억제한다. 메릴랜드의 한 연구에 의하면 땅토끼풀의 제초 효과는 심지어 기존 제초제보다도 훌륭했다고 한다.

다른 생멀치 식물처럼 땅토끼풀도 성장기에는 주 작물과 경쟁하거나 줄기를 뻗어 땅속에 씨를 맺는 것을 막기 위해 적절히 예초를 해 주어야 한다. 브로콜리, 콜리플라워, 상추, 단옥수수, 양배추, 부추 등의 작물과 땅토끼풀을 함께 심는 것에 관한 연구는 많다. 다만 땅토끼풀은 타감작용을 하기 때문에 이 생멀치 식물은 종자를 직파해서 작물을 재배할 때는 피해야 한다.

귀리 + 키 큰 채소·베리류

귀리는 다양한 채소와 함께 심을 수 있는 저렴하고 믿을 만한 생멀치 식물이다. 특히 키 큰 채소류나 지줏대로 유도해 주어야 하는 작물과 함께 심으면 좋다. 귀리는 성장이 빠르고, 잡초 억제력이 탁월한 데다, 겨울 추위에 쉽게 얼어죽는 특성 때문에 가을에 심는 추운 계절용 작물의 생멀치로 가장 많이 활용된다. 생멀치 식물로서 귀리의 단점은 크게 자란다는 점이다. 보통 120센티미터까지 자라기 때문에 반드시 규칙적으로 예초해 주어야 한다. 여름이 덥고 건조한 남부 지역에서는 적절하지 않을 수도 있다.

귀리는 잡초를 질식시키고 억제하며 예초 후의 잔여물은 타감작용을 하여 다음 잡초의 씨가 발아하는 것을 방해한다(다음 절에서 좀 더 다루겠다). 귀리는 종자를 심는 직파 재배보다는 모종 이식이 더 적합하다.

텃밭에 멀치용 짚단을 쓸 때는 대부분 귀리 줄기로 만드는데, 생멀치 식물로 귀리를 키우고 정기적으로 예초한다면 굳이 멀치용 짚단을 구매할 이유가 없다. 귀리는 북부 지역의 딸기 재배지에서도 훌륭한 생멀치 식물로 활용된다. 늦여름이나 초가을에 파종하면 영하로 기온이 떨어지기 전까지 몇 주 동안 자란다. 봄이 되면 눌려서 납작해지고, 딸기 이랑 사이로 죽은 귀리 줄기가 두툼한 깔개같이 된다. 이 기법은 블랙베리나 라즈베리 같은 나무딸기류의 줄재배에도 매우 효과적이다.

겨울 호밀 + 아스파라거스

아스파라거스는 양치류처럼 원뿔형으로 자라기 때문에 그 아래에서 자라는 생멀치 식물은 잡초를 억제하거나 토양을 보호하는 등 다양한 혜택을 준다. 아스파라거스 수확이 끝나는 늦봄에 뿌려진 겨울 호밀은 민들레처럼 가을에 발아하는 잡초를 억제하는 데 매우 탁월하다는 사실이 여러 연구로 밝혀졌다. 늦봄에 뿌려진 호밀은 가을에 파종된 호밀보다 빨리 자라지만 키가 크게 자라지는 않는다. 가을에 재배한 호밀의 경우 찬 기온에 노출되면서 더 크게 자라기 때문이다. 늦봄에 아스파라거스 밭에 심은 호밀은 뜨거운 여름 열기 때문에 자연스럽게 죽어서 아스파라거스와 경쟁하지 못한다. 하지만 호밀과 섞어 지은 아스파라거스는 성장기에 더 많은 물을 댈 필요가 있다는 점이 연구로 드러나 있다. 이는 아스파라거스 밭에 충분한 물을 주는 것으로 해결할 수 있다.

동부 + 고추

동부는 뿌리와 무성한 잎이 두툼한 깔개처럼 작물 주변을 덮어 잡초의 성장을 억제한다. 약간의 타감작용도 해서 잡초 씨앗의 발아를 방해한다. 한 연구에 따르면, 여름철 생멸치용 동부와 함께 자란 고추가 수확량도 많고 왕성하게 자란다고 한다.

황겨자 + 여름 호박

황겨자 Sinapis alba는 여름 호박의 생산성을 높이는 생멀치 식물로 활용되는 1년 생 초본이다. 이런 동반식물은 진딧물, 가루이 whitefly 같은 곤충이 일으키는 충해나 호박은피병 squash silverleaf 같은 병해를 줄여 주는 효과가 있다.

겨자 생멀치는 1년생 잡초의 발아를 억제하며 특히 겨울에 얼어 죽은 겨자 줄기를 그대로 두면 겨울 잡초를 억제하는 데 매우 효과적이다. 황겨자는 추위에 약해 영하 4도 정도에서 동사한다. 봄이나 여름에, 심지어는 가을에도 생멀치로 활용할 수 있고, 빨리 자라 풀들을 덮어 버린다.

강력하고 두툼한 겨자 뿌리는 땅을 무르게 하고 물의 흐름을 원활하게 만든다. 다른 십자화과식물과 마찬가지로 꽃이 피도록 두면, 벌과 나비 같은 수분 매개체와 다른 익충들을 불러 모은다. 하지만 황겨자가 씨앗을 맺어 땅에 떨어지면 번식력이 엄청나기 때문에, 씨앗이 여물기 전에 예초해 주어야 한다.

타감작용을 위한 동반식물

동반식물이 잡초를 줄이는 또 다른 방법은 타감작용을 하는 화합물을 생산하는 것이다(이 화합물에 대한 간략한 설명은 46쪽 참조). 타감물질은 뿌리, 잎, 새싹에서 나오기도 하고, 죽은 뒤 유기물이 토양에서 분해되는 과정에서도 방출된다. 이 물질은 땅속의 미생물 활동에도 영향을 미치고, 결국 주변 모든 식물에 서로 다른 형태의 영향을 미치게 된다.

피복작물이나 생멀치 식물로 이런 작물을 활용하면 타감물질의 방출 방식이나 그 영향의 정도에 상관없이, 주변 작물에 부정적인 영향을 미친다. 그것은 진화의 결과 그 자체다. 대체로 발아율을 떨어뜨리거나, 새싹의 성장을 막거나, 아예 노골적으로 다른 식물을 죽여 버리기까지 한다. 분명 모든 식물이 타감물질을 만들지는 않지만, 만들어 내는 식물 중 어떤 것은 여타 식물에 또 다른 방식으로 영향을 미치는 특이한 타감물질 복합물을 포함한다.

많은 연구에 이런 타감작용 식물에 관한 기록이 있다. 어떤 식물의 타감물질은 식물이 죽은 후에도 며칠, 몇 주, 혹은 몇 달 동안 지속적으로 작용하기도 하고, 아주 짧거나 그 식물이 살아 있는 동안만 작용하는 경우도 많다. 동반식물 관계를 이용한 잡초 억제가 목적이지만, 때로는 이 방법 때문에 주 작물도 피해를 볼 수 있다. 타감작용을 이용한 잡초 억제는 복잡한 일이지만 주의 깊게 이루어진다면 매우 효과적이다.

타감작용은 매우 특정한 식물 사이에서만 상호작용이 이루어진다. 가령 호밀의 경우 명아주, 쇠비름, 바랭이 같은 잡초를 억제하는 데 아주 효과가 좋지만, 다른 경우는 그렇지 않다. 타감작용을 하는 땅토끼풀이나 동부도 마찬가지다. 어떤 작물은 타감작용에 상대적으로 더 민감하기도 하다. 상추와 양배추 모종은 타감물질에 극도로 민감하고, 토마토·오이·가지는 훨씬 영향을 덜 받는다. 직파하는 경우에는 씨앗의 크기에 따라 다른데, 큰 씨앗일수록 잘 견딘다.

피복작물의 경우 대체로 타감작용을 한다. 죽은 작물을 땅 위에 그대로 두는 것이 갈아엎어 섞는 것에 비하여 타감작용의 정도가 강하다. 경운을 하면 타감물질이 더 빠르게 분해되어 버린다. 또 잔여물이 잡초의 성장을 물리적으로 억누르기도 한다. 앞에서 살펴보았지만, 이 책에서 다룬 타감작용을 하는 피복작물은 다음과 같다.

- **겨울 호밀**

  만약 오랫동안 잡초 문제를 겪고 있다면, 겨울 호밀이 답이 될 수 있다. 호밀 잔여물은 몇 가지 잡초, 예를 들면 강아지풀, 명아주, 돼지풀, 쇠비름 등의 발아를 43퍼센트에서 100퍼센트까지 억제하여 관리한다. 늦여름이나 가을에 피복작물로 심어 이듬해 봄에 예초하고 그 잔여물을 경운하여 흙 속에 섞지 않고 그대로 멀치한 경우에는 몇 달 동안 잡초 성장을 억제할 수 있다. 기본적으로 직파하지 않고 모종을 이식하는 모든 채소는 겨울 호밀과 훌륭한 동반식물이 될 수 있다.

- **귀리**

  귀리를 주 작물 재배 전에 심어 잔여물을 그대로 둘 경우, 타감작용으로 잡초가 자라는 것을 억제할 수 있다. 고구마를 재배할 때 귀리 짚을 멀치로 활용한 곳에 귀리를 피복작물로 함께 재배하면 잡초를 현저하게 줄일 수 있다.

잡초 관리에 있어 타감작용과 생멀치의 힘은 과학에 근거한 동반식물·섞어짓기를 중요 개념으로 자리 잡게 했고, 실제로 매우 유용하다. 잡초라는 장애물을 줄이기 위해 적절한 식물 파트너를 찾는 일은 노동이나 제초제 사용을 줄여 줄 뿐 아니라 대규모 농장이건 작은 텃밭이건 상관없이 큰 혜택을 준다. '타감작용을 하는 피복작물'에서 이미 다루었던 것처럼, 다음에 다룰 동반식물은 잡초를 줄이는 데 유용하게 활용될 수 있다.

귀리 잔여물 멀치 위에서 조롱박이 자라고 있다.

오이 + 키 큰 채소

오이_{Cucumis sativus}가 타감작용을 한다고 하면 다소 놀랄 것이다. 오이는 주변 식물 종에 부정적 영향을 미치는 성장 억제 타감물질을 만들어 내는데, 대표적으로 계피산_{cinnamic acid}이 가장 많이 연구되었다. 게다가 이 물질은 자가중독을 일으키기 때문에, 동종의 작물도 지나치게 가까이 심으면 피해를 입힌다. 수박도 자가중독을 일으킬 수 있는 독소를 만들어 내는데, 박과_{Cucurbitaceae} 식물 대부분이 그렇다.

몇 가지 방식으로 오이를 잡초 관리의 도구로 사용할 수 있다. 잡초가 우거진 곳에 두껍게 깔리는 피복작물로 오이를 심는다. 그런 다음 주 작물을 심기 3~4주 전에 갈아엎어 그 잔여물을 땅에 섞어 준다. 또 오이는 옥수수, 토마토, 오크라, 가지 같은 키 큰 작물 주변이나 아래에 잡초를 억제하는 생멀치 식물로 키울 수 있다. 타감물질은 뿌리 주변에서 나오고, 열매가 익어 갈 무렵 그 독성이 더욱 강해진다고 한다. 호밀과 마찬가지로 직파하여 키우는 작물과는 함께 기르지 않는 것이 좋다.

유채 + 감자

감자밭이 잡초로 뒤덮인다면, 피복작물로 유채 *Brassica napus var. oleifera*가 해법일 수 있다. 한 연구에서 유채의 타감작용이 감자의 잡초를 조절하는 데 효과적이라는 사실이 밝혀졌다. 황겨자같이 십자화과식물인 유채도 씨를 퍼뜨리지 않도록 하는 것이 중요하다.

유채의 강하고 두툼한 뿌리는 토양의 표층을 부드럽게 해 주고 영양소를 표면으로 끌어내는 역할을 한다. 1년생 유채는 겨울에 얼어 죽는다. 가을에 씨를 뿌린 후 겨울을 난 2년생 유채는 꽃을 피우기 전, 그리고 감자를 심기 3~4주 전에 예초해야 한다.

4
지지와 구조
Support & Structure

자연 덩굴시렁 식물

덩굴강낭콩pole bean, 오이, 조롱박, 적화강낭콩runner bean 같은 덩굴성 작물을 잘 키우려면, 덩굴이 자유롭게 뻗어 갈 수 있는 큰 뜰이나 덩굴이 위로 자랄 수 있도록 지지해 주는 구조물이 필요하다. 격자시렁trellis, 퍼걸러pergola[1], 튜더아치Tudor[2], 지주기둥arbor 같은 것이 정원의 포인트로 정감을 줄 수도 있겠지만, 생산성을 높이고 독특한 멋을 내는 자연 덩굴시렁도 좋은 선택일 수 있다.

실용적인 아름다움

자연 덩굴시렁은 얼핏 보기에도 전통적인 섞어짓기 전략에 해당할 것 같지 않고, 실제로도 그렇다. 한 작물이 다른 작물에 지지대가 되어 줄 뿐이다. 1장에서 살펴본 것처럼 토양을 좋게 만들거나 병충해를 줄이는 등 섞어짓기의 이점을 제공해 주는 것으로는 보이지 않는다. 진짜로 보기에 좋을 뿐이다. 그래서 고백하건대, 나는 이 장에서 처음부터 규칙을 어기고 있다.

이 부분은 이 책에서 소개하는 다른 섞어짓기 전략들처럼 과학적인 근거를 가지고 제시하는 것은 아니다. 대신 실제로 작동하는 하나의 기술로서 여기에 소개한다. 과학적 연구에 근거한 섞어짓기 방식에 초점을 계속 맞춘다고 해도 "내가 정원에서 그 기법을 활용하고 있고, 매우 잘 작동한다"라는 사실이 사라지지는 않으니, 여기서는 그냥 넘어가도록 하겠다.

실제로 여기에 소개할 기법들은 내 정원에서 활용되고 있고 잘 작동한다. 그 동반관계가 한 작물이 일방적으로 다른 파트너가 기어오를 수 있는 구조를 제공해 주고 텃밭·정원을 한결 매력적으로 만드는 것 외에 상호작용하는 혜택들이 있다고 주장하지는 않겠다. 어쩌면 이 책에 굳이 포함하려는 의도보다 깊은 다른 의미가 있을 수도 있겠다.

이 장의 예들은 튼튼하고 큰 물리적 구조를 지닌 식물과 덩굴작물을 짝짓는 것이다. 자연 덩굴시렁으로 꽃이 피는 식물을 사용할 경우 추정할 수 있는 부차적인 이점은 이런 것들이 있다. 수분율을 높여 줄 수도 있고, 덩굴작물이 토양에서 유래한 병해의 위험을 줄여 주거나, 한 작물이 벌레를 잡아먹는 익충을 유인하는 성향이 있다면 생물학적 조절 능력을 확대해 줄 수도 있다. 자연 덩

굴시렁을 사용하여 작물의 성장 공간을 수직적으로 확장해 준다는 점에서 수확량이 더 많아질 수도 있다. 여기에 소개하는 몇 가지 조합을 시도해 보고 작은 공간에서 더 많은 식물을 수확하는 것이 얼마나 쉬운지 확인하고 나면, 분명 더 많은 시도를 해 보고 싶어질 것이다.

자연 덩굴시렁 기능을 하는 동반식물

자연 덩굴시렁이 잘 작동하기 위해서는 두 작물을 각각의 성장 습관에 근거해 함께 재배해야 한다. 한 작물은 곧바로 서는 튼튼한 구조를 지녀야 하고, 다른 작물은 덩굴성이어야 한다. 전통적인 '세 자매' 방식으로 키우는 옥수수와 콩이 좋은 예일 수 있다(9쪽 참조). 두 작물을 나란히 이웃해 키우면 저절로 자연 덩굴시렁을 갖게 된다.

자연 덩굴시렁이라고 하면 전형적으로 덩굴작물을 지지해 줄 나무나 관목 같은 목본을 사용한다고 생각하겠지만, 목본을 사용할 경우 가지가 부러지거나, 광합성에 영향을 미치거나, 경쟁이 증가하는 등 부정적 효과가 나타날 수 있다. 목본을 활용하는 방식은 지주가 되어 주는 나무의 활력에 성패가 좌우되는데, 결국 그 나무가 다른 덩굴작물의 침입에 따르는 스트레스를 어떻게 잘 이겨 내는가에 달려 있다.

하지만 1년생 작물을 활용하면 그 관계는 한정적이다. 재배 시기를 잘 조절하면, 지주식물은 덩굴작물보다 한발 앞서 자라게 되고 그 상태가 지속될 수 있다. 상대적으로 왕성하고 빠른 성장세를 지닌 지주식물과 그 지주식물에 지나친 부하를 주지 않고 기어오르는 덩굴작물을 잘 짝짓는 것이 관건이다. 어떤 조합은 덩굴작물이 기어오르는 방향을 조절해 주어야 하는 경우도 있지만, 대개는 저절로 동반관계를 형성해 간다. 우리에게는 열매나 채소, 곡물이나 꽃이 피는 식물을, 수분 매개체에게는 꿀을 제공할 수 있는 작물이 바람직하다. 대체로 덩굴이 기어오르는 시점에서 열매가 작은 것이어야 더 좋다. 수박, 스쿼시호박, 펌킨늙은호박 등과 같이 열매가 큰 작물은 지나치게 무거워 문제가 된다. 이런 이유에서 여기에 소개하는 덩굴작물은 생산성이 높지만 크기가 작아 지주식물에 지나치게 부하를 주지 않는 종으로 선정했다.

이 책에서는 12쌍의 자연 덩굴시렁 동반관계를 소개한다. 지주식물은 대체로 먹을 수 있지만, 그렇지 않은 경우도 있다. 식용하지 않는 작물은 꽃이나 잎이 미적으로 볼 만한 가치가 있는 것들이다. 또 여기에 소개하는 작물들은 다른 동반식물들과 달리 미적·물리적 적합성만으로 선정되었기 때문에 쉽게 대체할 수 있다. 각 작물의 크기와 성장 습관을 염두에 두고, 여러 가지 방법을 시도해 보자.

아마란스는 작은 조롱박 같은 덩굴식물에게 좋은 자연 덩굴시렁이 된다.

지지와 구조

옥수수 + 덩굴강낭콩

오래된 조합인 옥수수Zea mays와 덩굴강낭콩phaseolus vulgaris은 효과가 좋다. 주의할 점은 옥수수가 앞서 재배되어야 한다는 것이다. 몇 주 전에 옥수수를 심어, 콩을 파종하기 전에 10~13센티미터 정도 자라게 해야 한다. 둘을 함께 심으면, 콩이 옥수수 싹을 사라지게 만든다. 이 조합은 단옥수수, 튀김용 옥수수, 관상용 옥수수와도 잘 어울린다. 적어도 150센티미터까지 자라는 품종이 적당하다. 키 작은 옥수수는 콩 덩굴의 무게를 감당하지 못한다.

서리 피해가 없어진 뒤에 옥수수를 직파한다. 하지만 옥수수가 더 크게 자라게 하고 싶거나, 재배기간이 매우 짧은 곳이라면 채광이 잘 되는 실내에서 이식 4~6주 전에 모종으로 키울 수도 있다. 옥수수는 주로 바람으로 수정되는 풍매작물이기 때문에 충분히 수분이 이루어지도록 여러 구역에 심는 것이 좋다. 최대 수분율을 확보하려면 10줄×10줄로 심으면 된다. 교잡이 이루어져 딱딱한 알맹이가 생기는 것을 막으려면 매년 한 종류의 옥수수만 재배한다.

덩굴강낭콩도 직파로 잘 자란다. 덩굴강낭콩은 옆으로 자라기보다 위로 생장하는 유형이라 옥수수처럼 위로 직립하여 크게 자라는 자연 덩굴시렁 작물이 적당하다. 녹색, 황색, 보라색, 이색二色 등 먹을 수 있는 꼬투리를 가진 다양한 종들이 있다. 넓고 납작한 꼬투리를 가진 로마노덩굴강낭콩Pole Romano bean도 좋은 후보다. 한 개의 옥수수 주변에서 20~25센티미터 정도 떨어진 곳에 한두 개의 콩을 일정한 간격으로 심으면 된다.

해바라기 + 페포호박

많은 사람이 해바라기 Helianthus annuus를 좋아하지만, 이를 자연 덩굴시렁 동반식물로 생각해 보지는 않았을 것이다. 크고 튼실한 줄기를 가진 해바라기 종이 작고 가는 줄기의 변종보다 자연 덩굴시렁으로 더 적당하다. 페포호박 Cucurbita pepo의 덩굴을 지지하려면, 위쪽에서 곁가지가 생기는 분지가 일어나고, 여러 개의 꽃을 피우는 종을 선택해야 한다. 곧고 크게 크는 종은 덩굴강낭콩에 적당하고, 사방으로 뻗는 덩굴을 가진 페포호박에는 가지가 여러 개로 나뉘는 종이 더 좋다.

해바라기와 함께 심기에 좋은 페포호박도 여러 종이 있다. '베이비부 Baby Boo,' '릴의 펌케몬 Lil's pump-ke-mon,' '잭비리틀 Jack Be Little' 같은 품종은 10센티미터 정도 크기의 호박이 달린다. 좀 더 큰 품종도 가능하겠지만, 해바라기가 버티려면 추가로 지주나 시렁이 더 필요할 수도 있다.

이 조합을 위해서는 서리 위험이 없어질 때, 모종을 이식하기 4~6주 전부터 볕이 잘 드는 실내에서 해바라기를 키운다. 호박은 서리 위험이 없는 때에 직파하여 키우면 잘 자란다. 페포호박은 100일 정도의 성숙기가 필요하다. 해바라기가 30~60센티미터 정도 자랐을 때 호박을 심는 것이 가장 좋다. 해바라기를 이랑으로 줄지어 심을 경우, 그 이랑 약 150~180센티미터마다 페포호박을 하나씩 심는다. 해바라기를 원형으로 심는다면, 지름 약 180센티미터 원 안에 두 개의 페포호박을 심는 것이 적당하다.

지지와 구조

수수 + 식용 박

북미에서는 박호리병박, 조롱박, Lagenaria siceraria을 가을 장식이나 조각을 할 목적으로 주로 사용하지만, 껍질이 단단해지기 전 미성숙 상태로 수확하여 먹기도 한다. 아시아·아프리카·중동 요리에서는 과육을 사용하기도 하는데, 제법 맛있다. 노란 꽃을 피우며 낮에 수분하고 밤에는 꽃잎이 닫히는 호박류와 달리 박은 흰 꽃을 피우고 낮에는 벌, 밤에는 나방이 수분을 돕는다.

박은 길고 구부러진 덩굴손을 만들어 수수Sorghum bicolor var. technicum 같은 자연 덩굴시렁을 잘 타고 올라간다. 박은 생장 기간이 상대적으로 긴 편이지만, 완전히 익을 때까지 기다리지 않고 덜 익은 열매를 먹기 때문에 별 문제가 되지 않는다. 박은 토양 온도가 최소 18도는 되어야 씨앗이 잘 발아하는데, 좀 더 일찍 자라게 하려면 실내에서 서리가 끝나기 4~6주 전 모종으로 키워서 심는 것을 추천한다.

박의 덩굴은 매우 길게 자라기 때문에 키 큰 수수 종을 빽빽하게 심어 덩굴이 올라갈 수 있게 하는 것이 가장 좋다. 수수 이랑 240~300센티미터마다 박 하나를 심으면 적당하다. 열매가 다 익어 수확하려면 수수가 그 무게를 지탱하기 어렵기 때문에, 열매가 10센티미터 이상 자라면 그때그때 수확해 주어야 한다. 초기에 덩굴을 자르면(생장점을 자르는 것) 곁가지를 많이 내어 수확을 늘릴 수 있다. 덩굴을 잘라 주면서 덩굴이 수수 이랑을 따라 자라도록 유도한다. 이 동반관계의 한쪽인 수수에 관해서도 좀 더 알아야 할 것이 있다. 수수는 전통적으로 빗자루를 만드는 식물 중 하나다(지금도 수수 빗자루를 살 수 있다). 다른 수수 종들과 달리 이 종의 열매는 길쭉하고 섬유질이 많다. 이 열매는 새들이 좋아하고, 좋은 가을 장식이 될 정도로 미적인 요소도 있다. 어떤 종들은 그 열매의 색이 분홍, 노랑, 주황, 검정, 빨강 등으로 다채롭다.

큰 키의 종은 180~460센티미터에 이를 정도로 크게 자란다. 그 줄기는 단단한 목질이어서 조롱박같이 무거운 작물에 훌륭한 자연 덩굴시렁이 되어 준다. 작은 키의 종은 90~180센티미터여서 박과 조화를 이루기에는 매력이 덜하다.

수수는 북미 전 지역에서 잘 자라며 자연 덩굴시렁으로 활용할 수 있다. 씨앗은 서리 위험이 없어진 후 바로 약 8센티미터 정도 간격으로 직파하면 된다. 수수가 15~30센티미터 정도 자랐을 때 적당한 곳에 박을 심으면 된다.

지지와 구조

아마란스 + 차요테

아마란스류amaranth, *Amaranthus* spp.를 애용하는 사람들은 이미 이 놀라운 작물에 익숙할 것이다. 다양한 색깔의 꽃과 잎을 가지고 있으며, 변종이 60여 가지에 이른다. 몇몇 종은 잎과 열매를 식용할 수 있어 각광받지만, 다른 종들은 화려한 첨탑 모양의 꽃으로도 주목받는다. 또 많은 종이 훌륭한 자연 덩굴시렁이다. 줄맨드라미종*A. caudatus*(우아한 피라고도 불린다)은 길게 늘어지는 꽃자루, 비름*A. tricolor*은 크고 멋진 코끼리 머리 모양의 꽃자루가 특징이다. 선줄맨드라미멕시코 아마란스, *A. cruentus*[3]라는 종은 키가 크고 예쁜 분홍색 꽃자루를 가지고 있는데, 열매와 잎도 먹을 수 있다. 민털비름*A. hypochondriacus* var. *powellii* 이라는 종 역시 식용할 수 있다.

여기 소개된 모든 종을 자연 덩굴시렁으로 사용할 수 있는데, 개인적으로는 선줄맨드라미를 더 선호한다. 이 작물은 약 210센티미터까지 자라고 수 주 동안 꽃을 감상할 수 있다. 씨앗을 수확한다면, 가루를 내거나 팝콘처럼 튀기면 된다. 잎도 먹을 수 있는데, 보통의 채소처럼 요리하면 된다.

아마란스의 씨앗은 매우 작아서, 2미터가 넘게 자란다는 것이 잘 믿기지 않는다. 빠르게 자라 단단한 줄기를 이루는 본성을 가지고 있어, 원예가의 자부심을 높여 주는 데 도움이 된다. 마지막 서리가 내리기 3주 전 이른 봄에 직파한다. 다만 씨앗이 너무 작아서, 간격을 충분히 확보하여 심기가 어렵다. 대신 어느 정도 자랐을 때 15~20센티미터 간격으로 솎아 주면 된다. 이랑을 따라 심거나 덩굴을 지지할 수 있도록 둥그렇게 심을 수도 있다. 미리 경고하지만, 아마란스는 다태성多胎性이어서 발아조건이 맞으면 왕성하게 자연발아하여 곤란할 수도 있다. 다음 해에 아마란스의 과잉 출현을 막으려면, 씨를 떨어뜨리기 전에 잊지 말고 꽃자루를 잘라 내야 한다.

차요테hayote, *Sechium edule*는 아직 재배할 작물에 포함하지 않았을 수도 있지만, 주저할 것 없다. 이 식용 박은 중미 토종이다. 여름 호박처럼 요리할 수도 있고 심지어 뿌리, 줄기, 땅속의 괴경[4]까지 모두 먹을 수 있다. 서양 배 모양(조

지지와 구조

롱박 같은 모양)의 과일은 껍질이 울퉁불퉁하고 광택이 나는 녹색이며, 그 속은 희다. 열매 속의 씨앗은 망고 씨처럼 납작하고, 잎은 하트 모양이다. 다른 호박 종처럼 암수가 달리 꽃을 피우는데, 암꽃 하나에 여러 개의 수꽃이 핀다. 크레올[5] 요리에서는 차요테를 미를리통mirliton이라 부르는데, 세계 여러 곳에서 식자재로 사용하고 있다. 따뜻한 계절에 적합한 다년생으로 미국 남부, 캘리포니아, 걸프만 지역 등 따뜻하거나 더운 지방에서 잘 자라지만 그 외의 지역에서도 재배에 성공하고 있다. 이 작물은 120~150일의 재배기간이 필요해서 씨를 뿌리는 것보다는 덩이줄기로 재배하는 것이 더 적합하다. 이런 덩이줄기는 구매하기가 매우 어려운데, 재배하고 있는 사람을 안다면 덩이줄기를 얻어 재배를 시작하는 것이 좋다. 차요테 씨앗은 썩어 가는 과일 안에서만 잘 발아하므로, 씨앗 재배를 할 경우에는 과일 전체를 심어야 한다.

차요테는 매우 왕성하게 자라는 편이어서 이랑 460~610센티미터마다, 아마란스를 원형으로 심었다면, 지름 240센티미터의 원 안에 하나의 차요테를 심는 것을 추천한다. 차요테 하나에서 수십 개의 열매를 수확할 수 있다.

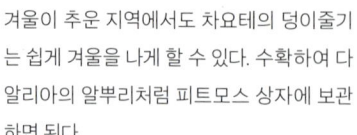

겨울이 추운 지역에서도 차요테의 덩이줄기는 쉽게 겨울을 나게 할 수 있다. 수확하여 다알리아의 알뿌리처럼 피트모스 상자에 보관하면 된다.

퀴노아 + 여주

곡물을 얻기 위해 1년생으로 키우는 퀴노아 *Chenopodium quinoa*는 시금치와 친척뻘 되는 아마란스와 같은 집안 식물이다. 마치 남미의 조각상같이 위풍당당한 모습과 단단한 줄기를 가졌으며, 종에 따라 가지가 갈라지기도 하고 그렇지 않기도 한다. 수확 목적이 아닌 관상용으로도 충분히 아름답다. 길고 곱슬곱슬한 꽃은 녹색이거나 분홍색이고, 작은 열매는 품종에 따라 검정색, 빨강색, 흰색 등이다. 퀴노아 씨앗은 매우 쓴 사포닌 성분으로 싸여 있어 도정하지 않으면 먹을 수 없다. 식용으로 재배했다면, 수확 후 잘 건조하여 탈곡한 후 맑은 물로 여러 차례 씻어 쓴 사포닌 성분을 제거하고 다시 말려서 보관해야 한다. 씻을 때는 거품이 나지 않을 때까지 세척해야 한다.

북부 지방에서 재배한다면 재배기간이 짧고 익는 기간도 짧은 종을 선택해야 한다. 보통 배수가 잘되는 곳에 직파하면 된다. 먹을 만큼 수확하려면 많이 심어 길러야 한다.

작은 텃밭에 심는다면 마지막 서리가 내린 후 직파한다. 적절한 발아 온도는 18~25도다. 퀴노아는 빨리 자라는 작물이 아니어서 20~25센티미터 정도로 자랄 때까지 기다렸다가 여주를 심어야 한다. 추운 지방에서는 마지막 서리 6~8주 전부터 실내에서 모종을 키워 밭에 옮겨 심기도 한다.

여주Momordica charantia는 매우 아름다운 식물이다. 잎은 깊게 갈라지고, 열매는 뾰족뾰족하고 매우 독특한 모양이다. 다른 오이 집안 식물처럼 암수가 따로 꽃피며, 암꽃만 울퉁불퉁한 열매를 맺는다. 아시아 토종인 여주는 길쭉하며 표면이 사마귀 같이 울퉁불퉁하게 튀어나와 굴곡을 이루고 있는데, 최소 20센티미터가량 자랐을 때 수확하는 것이 좋다. 덩굴은 300~460센티미터까지 길게 뻗으며, 꼬불꼬불한 덩굴손이 지주나 자연 덩굴시렁을 잘 잡고 기어오른다. 덩굴이 길어지면 몇 주마다 생장점을 잘라 주어서 가지가 더 퍼지고 수확이 많아지도록 해야 한다.

생여주의 맛은 얼굴을 찌푸릴 만큼 쓰지만, 먹다 보면 점차 익숙해지며 적절한 요리법으로 쓴맛을 완화시킬 수 있다. 밝은 연두색일 때 수확하는 것이 좋으며, 요리하기 전에 씨앗과 스펀지 같은 심지를 제거해야 한다. 껍질은 벗길 필요가 없고, 요리하기 전에 소금에 절이면 쓴맛을 없앨 수 있다. 소금을 뿌리고 15분쯤 두었다가 헹구어 사용하면 된다. 여주는 오이와 비슷하게 피클로 담거나, 튀기거나, 수프에 넣거나, 볶거나 카레에 넣어 먹을 수 있다. 또 고기나 곡물로 속을 채워 먹을 수도 있다.

인도 요리에서 카렐라karela라 불리는 여주는 직파하여 재배하고 아무 토양에서나 잘 자란다. 퀴노아 이랑에서 30센티미터가량 떨어져 심거나, 퀴노아를 둥글게 심는다면 지름 180센티미터마다 두세 개의 여주를 심는다.

뚱딴지돼지감자 + 쿠카멜론

예루살렘 아티초크라고도 불리는 뚱딴지 *Helianthus tuberosus*는 견과류 같은 풍미를 지닌, 감자와 흡사한 질감의 땅속 덩이줄기를 가지고 있는 다년생 작물이다. 뚱딴지는 키가 3미터 넘게 자라는 열매를 많이 맺는 작물로 쿠카멜론 *cucamelon, Melothria scabra*이라고 불리는 작은 오이같이 앙증맞은 식물에게 좋은 지지대 역할을 한다. 뚱딴지의 줄기는 다소 약한 편이어서 이 책에서 보았던 페포호박, 거킨오이 *gherkin cucumber*, 박과 같이 큰 과일이나 무성한 덩굴의 지주로는 충분히 튼튼하지 못하다. 뚱딴지는 매우 번식력이 좋아 텃밭에는 심지 않는 것이 좋다. 대신 떨어진 구역에 심고 규칙적으로 둘레를 예초하여 왕성한 번식을 억제하는 것이 바람직하다.

뚱딴지는 몇 가지 변종이 있는데, 모두 덩이줄기가 있으며, 색과 형태가 조금씩 다르다. 늦여름이 되면 약 5센티미터에 이르는 아름다운 노란색 꽃이 여러 곁가지에서 뭉쳐서 핀다. 울퉁불퉁한 덩이줄기는 늦가을부터 땅이 얼지 않는 한겨울 어느 때에나 수확할 수 있는데, 된서리를 몇 차례 맞고 난 뒤의 맛이 으뜸이다. 매년 가을 큰 덩이줄기만 수확하고, 작은 것은 다음을 위해 남겨 두면 좋다. 뚱딴지는 추위에 강해서 영하 34도까지 견디는 작물이다.

멕시코 신맛 거킨이라고도 불리는 쿠카멜론은 바비 인형 크기의 수박처럼 보인다. 그 맛은 감귤과 멜론 느낌이 나는 오이 맛이라고 종종 묘사된다. 포도같이 생긴 열매는 가늘고 넓게 퍼진 덩굴에 풍성하게 달리고, 그 덩굴손은 뚱딴지나 다른 지주를 쉽게 잡고 오른다. 오이와 비슷하게 자라는데, 씨앗은 훨씬 작다. 마지막 서리가 내리자마자 직파하면 된다. 덩굴이 생기기까지는 몇 주일이 걸리지만, 일단 발생하면 매우 빠르게 퍼진다.

쿠카멜론은 가을에 떨어진 과일에서도 쉽게 발아하여 해마다 자생적으로 자란다. 또 땅속 덩이줄기를 만드는데, 온화한 기후에서는 이듬해 봄에 거기에서 발아한다. 영하로 떨어지는 곳이라면, 그 덩이줄기를 채취하여 피트모스[6] 상자에 넣어 얼지 않게 보관했다가 봄에 심으면 된다.

성공적인 섞어짓기를 위해서는 이른 봄에 뚱딴지의 덩이줄기를 심고 1년 동안은 잘 자라게 두고, 그다음 해에 자라는 뚱딴지 주변에 쿠카멜론 씨앗을 파종하면 좋다. 뚱딴지가 왕성하게 자라는 땅이 형성되고 나면, 그 둘레에 쿠카멜론 씨앗을 뿌리기는 쉽다.

뚱딴지의 줄기는 쿠카멜론의 섬세한 덩굴손을 위한 훌륭한 지지대가 된다.

지지와 구조

갯는쟁이 + 가을 완두

우리는 완두를 봄 작물로 알고 있지만, 서늘한 가을에도 왕성하게 잘 자란다. 완두는 늦가을 아주 아름다운 동반식물 관계를 형성한다. 먹을 수 있는 연한 색 갯는쟁이Artriplex hortensis는 가을에 재배하는 완두에 아주 훌륭한 자연 덩굴시렁이 되어 준다. 산시금치라고도 알려진 갯는쟁이는 높고 튼실한 가지를 가지고 있고 놀랍도록 아름답다. 다 자라면 약 150센티미터에 이르며, 잎은 샐러드나 시금치처럼 요리하면 순한 견과류 같은 풍미가 있다. 전체 잎의 모습은 품종에 따라 녹색, 노란색, 빨간색, 보라색, 밝은 자주색 등 다양하다. 갯는쟁이는 한여름이나 늦여름에 다 자라고, 잎은 어렸을 때부터 계속 수확할 수 있으며, 더위에 강하다. 봄과 초여름에 잎 하나하나를 수확하지만, 생장점은 남겨 두어야 한다. 씨앗 부위는 말라 떨어지기 전에 잘라 버려야 한다.

이 섞어짓기 전략에 사용할 수 있는 완두는 다음 세 종류다. 먹을 수 있는 납작한 꼬투리의 깍지완두snow pea, 통통한 꼬투리째 먹는 슈거스냅완두sugar snap pea, 꼬투리를 먹지 못하는 껍질완두shell pea. 이 중 어느 종이나 갯는쟁이와 함께 심을 수 있다. 각 종마다 수십 가지의 변종이 있는데 자연 덩굴시렁보다 웃자라지 않도록, 최대 크기가 약 120센티미터가 넘지 않는 품종이 적당하다.

마지막 봄 서리가 내리기 2~3주 전에 갯는쟁이를 직파하고, 봄과 여름 내내 자라도록 둔다. 늦여름에 가을에 수확할 완두를 갯는쟁이 아래에 심는다. 완두는 직파해도 잘 자라는데, 선선한 기후에 적합한 작물이기 때문에 시기를 잘 맞추는 것이 중요하다. 이 동반관계가 성공적이려면 다 큰 갯는쟁이 뿌리 근처에 세 개의 완두를 직파하면 좋다. 완두의 덩굴손은 갯는쟁이 줄기를 쉽게 잡고 올라 가지에 이르렀을 때 밝고 아름답게 조화를 이룬다.

지지와 구조

멕시코해바라기 + 말리바시금치황궁채

해바라기의 친척인 멕시코해바라기*Tithonia rotundifolia*의 다른 이름은 티토니아다. 키가 크고 높게 가지가 갈라지는 이 1년생 풀은 아름다운 정원의 표본이다. 지름 약 8센티미터의 몸통에 여러 방향으로 뻗은 가지는 아주 훌륭한 자연 덩굴시렁이 된다. 5센티미터 정도 크기의 주황 또는 황색 꽃은 나비나 다른 수분 매개체들에게 사랑받는다. 봄 파종 시기에 가끔 멕시코해바라기 모종을 구매할 수도 있지만, 볕이 잘 드는 실내에서 직파하여 쉽게 기를 수 있다. 생육기간이 긴 곳에서 살고 있다면, 봄에 바로 직파해도 된다. 만약 일찍 모종을 키우고 싶다면, 봄 서리가 끝나기 6주 전 즈음에 씨를 심고, 어느 정도 자라 서리 위험이 없어질 때 밭으로 옮겨 심으면 된다.

멕시코해바라기는 봄에 늦자라는 편이라, 말리바시금치*Basella rubra*처럼 늦자라는 덩굴작물이어야 동반식물로 적당하다. 말리바시금치는 매우 우아하며, 열에 강한 채소다. 하트 모양의 잎은 두툼한 다육의 진초록이고, 휘감는 덩굴은 선명한 분홍색이다. 잎은 샐러드, 오믈렛, 튀김 등 시금치로 할 수 있는 모든 요리에 적당하다. 1년생으로 재배하지만 서리가 내리지 않는 곳에서는 다년생이다. 말리바시금치는 서리에 매우 민감하기에 마지막 봄 서리가 지나고 나서 한참 뒤에 심는 것이 좋다. 자연 덩굴시렁이 되는 멕시코해바라기처럼 이 시금치도 기온이 충분히 오르기 전에는 잘 자라지 않는다.

일찍 재배하고 싶으면, 말리바시금치 씨앗을 마지막 봄 서리 6주 전쯤에 실내에서 심어 키우면 된다. 서리 없는 기간이 100일 이상의 지역이라면, 밭에 직파하여 재배해도 된다. 씨앗에 칼집을 내거나 사포로 문질러 표피를 벗기면 빨리 발아한다.

멕시코해바라기 한 포기에 말리바시금치 한 포기를 심으면 된다. 말리바시금치를 심는 시기는 멕시코해바라기가 15~30센티미터 정도 자랐을 때가 좋다.

지지와 구조

털여뀌 + 거킨오이

털여뀌Polygonum orientale만 한 효능을 지닌 1년생 초본은 드물다. 240센티미터에 이르는 이 멋쟁이는 두껍고 단단한 줄기에 아주 많은 곁가지를 내고, 밝은 분홍빛 꽃자루를 가지마다 드리운다. 털여뀌는 자라는 속도가 매우 빨라, 마치 눈으로 줄기가 자라는 것을 볼 수 있을 것만 같다. 꽃은 부케를 만들 때 훌륭한 재료가 되며, 작은 토종 벌들도 이 밀원을 탐닉한다. 털여뀌는 자가번식을 하여 한번 자리 잡으면 매년 저절로 자란다. 침입종으로 생장하는 것을 보지는 못했지만, 그럴 가능성도 있기 때문에 씨앗을 떨어뜨리기 전에 꽃을 없애 주는 것이 좋다.

털여뀌는 직파해도 잘 자라고, 실내에서 모종으로 키우기도 쉬우며, 서리에 내성이 있고 자가번식했을 경우에는 더욱 강하다. 만약 모종을 이식하는 경우라면 서리는 피할 것을 추천한다.

작은 거킨오이Cucumis sativus는 털여뀌의 좋은 동반식물이다. 이 작고 맛 좋은 오이 열매는 가지를 늘어뜨릴 만큼 무겁지도 않고, 여름부터 이른 가을까지 몇 달 동안 수확이 가능하다. '파리지안 피클링Parisian Pickling,' '베르프티드파리 Vert Petit de Paris,' 서인도 거킨오이C. anguria 등의 품종이 이 동반관계에 적당하다. 만약 오이가 아주 작을 때 수확하려면, 어떤 종류의 오이든 털여뀌와 함께 심어도 무방하다. 오이의 덩굴손은 자연 덩굴시렁을 따라 위쪽으로 자라게 해서 작은 열매들을 쉽게 수확할 수 있게 한다.

최선의 결과를 위해서는 털여뀌가 30센티미터가량 자랄 때까지 기다렸다가 거킨오이오이절임용 코니숑, cornichon 씨앗을 심도록 하라. 털여뀌 한 포기에 한두 개의 오이를 심으면 된다. 오이 덩굴이 지주를 따라 자랄 수 있도록 유인해 주어야 하는데, 그렇지 않으면 오이 덩굴이 땅을 기게 된다.

수수 + 갓끈동부

곡물이나 당원으로 재배하는 수수 Sorghum bicolor는 세계적으로 중요한 아프리카 원종 작물이다. 곡물로 재배하는 종은 밀로 milo라 부른다. 사탕수수꽃은 늦여름에 줄기 위에서 원추꽃차례로 핀다. 밀로 종은 작은 씨앗을 도정하여 가루를 내거나 팝콘처럼 튀겨서 먹고, 사탕수수 종은 줄기를 압착하여 당원을 만든다. 수수는 온난한 계절용 작물로 더위를 좋아하며, 다 익은 다음 수수 머리를 잘라 곡식용으로 이용한다.

수수는 곧은 지주형으로 키가 240센티미터까지 자라, 갓끈동부 Vigna unguiculata subsp. sesquipedalis 같은 덩굴작물의 지주로 안성맞춤이다. 수수는 마지막 봄서리 후 2~3주 안에 직파한다. 씨앗은 작으며, 20~25센티미터가량 거리를 두어 파종한다.

갓끈동부는 긴 꼬투리를 먹기 위해 재배한다. 때로 야드콩 yardlong bean이나 뱀콩 snake bean이라고도 불리며, 그 꼬투리가 약 60센티미터까지 자라지만 25~30센티미터 정도 자랐을 때 수확하는 것이 좋다. 동부의 한 종류로 맛은 일반 깍지콩과 비슷한데, 꽃과 열매는 줄기에서 쌍으로 달린다. 갓끈동부는 심고 65일이면 수확을 시작할 수 있어, 손쉽게 재배하여 먹을 수 있다.

수수가 25센티미터가량 자랐을 때 한 포기당 갓끈동부 씨앗 하나를 그 주변에 파종하면 된다. 덩굴손은 발아하고 나면 금방 기어오를 것을 찾는데, 그런 의미에서 가능하면 수수 밑동 가까이에 씨앗을 심는 것이 좋다. 재미를 더하려면, '중국 빨간 국수' 콩으로 알려진 붉은 꼬투리를 지닌 종을 심어 보라.

오크라 + 페루 작은 토마토

표준 오크라Abelmoschus esculentus 종은 온화한 지역에서는 180~240센티미터까지 자란다. 무궁화같이 생긴 꽃이 피며, 길고 먹을 수 있는 씨방이 있다. 서리가 없는 지역에서는 다년생이지만, 대체로 1년생으로 재배한다. 긴 잎자루나 잎줄기 끝에 손바닥 크기의 커다란 잎이 달린다. 이 식물은 그 자체로 아름다운 편이며, 어떤 종은 가시가 있다. '카우혼Cow Horn,' '벡스빅 벅Beck's Big Buck,' '보울링 레드Bowling Red,' '에메랄드Emerald,' '징 오렌지Jing Orange' 같은 이름을 가진, 자연 덩굴시렁으로 사용하기 좋은 키 큰 품종들이 있다.

오크라는 충분히 따뜻해야 잘 자라는데, 만약 서늘하고 여름이 짧은 북부 지역이라면, 이 동반식물은 피하는 것이 좋다. 오크라 꼬투리는 자주 수확해야 한다. 그래야 더 많은 꼬투리가 달리고 키가 크게 자라도록 자극하기 때문이다. 가시가 있는 품종은 수확하기 어렵기 때문에 가시가 없는 '클렘슨스핀리스Clemson Spinless'라는 품종을 심으면 된다. 오크라 잎은 가려움증을 일으키기 때문에 수확할 때 긴소매 옷을 입도록 한다.

오크라는 모종을 구매하거나 실내에서 모종으로 키워 이식하는 것이 좋다. 메이슨-딕슨 라인7 위쪽에 살고 있다면 조생종을 선택해야 하고, 그렇지 않으면 충분히 자라지 않거나 아예 열매를 수확하지 못할 수도 있다. 오크라는 온난한 기후를 선호하여 서리의 위협이 사라지고 나서 한참 후에 심는 것이 바람직하다.

건포도 크기의 페루 작은 토마토커런트 토마토, Solanum lycopersicum는 오크라에 적합한 동반식물이다. 방울토마토보다 더 작은 이 종은 부정형으로 길고 여린 줄기에 아주 작은 열매를 달고 있어, 오크라 줄기에 부담이 되지 않는다. 토마토는 덩굴손을 내어 스스로 지주를 감아 오르지 못하기 때문에 30센티미터 정도마다 오크라에 묶어 주면서 유인해야만 한다. 페루 작은 토마토는 달콤하고 손톱만 한 크기의 열매를 아주 많이 만들어 낸다. '매츠 와일드 체리Matt's Wild Cherry,' '하와이언 커런트Hawaiian Currant,' '스위트 피Sweet Pea,' '멕시코

미저Mexico Midger' 같은 품종이 적당하다.

토마토 모종을 구매하거나 마지막 봄 서리가 내리기 6주 전에 실내에서 모종으로 키워 재배하면 된다. 모종은 공기와 땅이 충분히 따뜻해진 다음 밖으로 옮겨야 한다. 오크라가 약 60센티미터 정도 자란 뒤에 토마토를 밭으로 옮겨 심어야 동반관계를 형성할 수 있으며, 일대일로 식재해야 한다.

나무케일 + 적화강낭콩

나무 양배추, 지팡이 케일이라고도 불리는 나무케일tree kale, *Brassica oleracea* var. *acephala*은 매우 독특한 식물이다. 이 작물의 생육환경으로는 온난한 지역이 적당한데, 영하 7도 정도의 추위까지는 견딘다. 더 추운 곳에서는 땅으로 쓰러지면서 죽어 자연 덩굴시렁으로 적당하지 못하다. 따뜻한 지역에서는 여러 해에 걸쳐 240센티미터까지 자란다. 다른 케일 종과 달리 꽃을 피우거나 씨를 맺지 않기 때문에 모종이나 분지로 구매해야 한다. 나이가 들면 줄기 부분은 목질화되고, 꼭대기 부분에서만 먹을 수 있는 잎을 딸 수 있다. 솔직히 미국의 동화·만화 작가인 닥터 수스가 그린 나무처럼 생겼지만, 잎은 아삭아삭하고 맛있으며 일반적인 케일이나 양배추처럼 활용할 수 있다. 보라색 줄기의 종을 심어 보는 것도 흥미로울 것이다.

일단 여러 나무케일 군집이 만들어지면, 적화강낭콩*Phaseolus coccineus*이나 다른 덩굴성 콩 작물의 자연 덩굴시렁으로 잘 활용할 수 있다. 나무케일의 줄기는 말 그대로 헐벗은 모습이다. 콩 덩굴이 쉽게 감고 올라갈 수 있다. 일대일로 심는 것이 제일 좋다.

북미에서는 적화강낭콩을 관상용으로 심기도 하지만, 세계 각지에서 대부분 식용으로 재배한다. 적화강낭콩은 길고 납작한 꼬투리를 만드는데, 다소 늦게 형성된다. 대체로 붉은색 꽃이 피고, 품종에 따라 분홍색, 흰색, 혼합색 꽃이 핀다. 1년생으로 키우지만 실은 다년생이다. 경도 8~10도 이내의 지역에서 적화강낭콩은 살집이 있는 덩이 같은 뿌리로 겨울을 난다. 더 추운 지역에서는 뿌리를 캐서 피트모스 상자에 담아 실내에 두면 된다.

적화강낭콩은 심은 후 80여 일이 지나면 수확할 수 있고, 서리를 맞으면 죽기 때문에 서리에 주의하여 심어야 한다. 직파로도 잘 자란다. 꼬투리는 생으로도 먹을 수 있지만 요리하여 먹는 것이 좋다. 다른 콩류와 마찬가지로 적화강낭콩은 피토헤마클루티닌식물성 적혈구 응집소, phytohemagglutinin이라는 독성물질이 있다. 그러므로 콩을 많이 섭취할 때는 반드시 충분히 익혀 먹어야 한다.

1 덩굴식물을 올리기 위해 설치한 시설로 기둥과 보로 이루어진 구조물.
2 영국 튜더식 건축에 쓰였던 네 중심을 가진 아치.
3 바람이 꽃가루를 운반해 수분이 이루어지는 작물.
4 양분을 저장한 덩이줄기. 땅속에 덩어리로 영양을 저장한 식물을 통칭하여 구근식물이라 한다. 하지만 그것이 줄기인지, 뿌리인지, 또 형태가 어떤지에 따라 사용하는 용어가 다르다. 고구마는 덩이뿌리 괴근tuberous root, 생강은 뿌리줄기근경 rhizome, 감자는 덩이줄기괴경 tuber, 토란은 알줄기구경 corm, 양파와 마늘은 알뿌리구근 bulb라고 한다.
5 아메리카 식민지 지역에서 태어난 유럽인의 자손으로, 오늘날에는 보통 유럽계와 현지인의 혼혈을 지칭한다.
6 수생식물이나 습지식물의 잔여물이 퇴적되어 생긴 유기물질.
7 미국의 남부와 북부를 나누는 선.

5
충해 관리
Pest Management

해충 유인하기, 가두기,
속이기, 억제하기

섞어짓기의 가장 일반적인 목표는 해충 피해 줄이기다. 살충제의 화학 물질은 인간, 곤충, 수분 매개체를 가리지 않고 살아 있는 모든 유기체에 영향을 준다. 이 때문에 많은 사람이 식물에 피해를 주는 벌레들만 관리할 수 있는 친환경적인 방법을 모색하고 있다. 시작은 충해에 잘 견디도록 하는 것이지만, 대안은 다양한 종이 공존하는 정주체계를 만들어 단작에서 자주 발생하는 해충의 발생을 억제하는 것이다.

충해 관리 전략

우리는 이미 동반식물을 이용하여 여러 작물을 혼합 재배하는 방식이 토양을 개선하고 잡초를 억제하여 식물의 생장에 도움을 준다는 것, 그리고 텃밭·정원을 다층적 상호작용이 이루어지는 생태적 정주체계로 인식할 때 식물이 훨씬 건강하고 탄력 있게 자란다는 것을 알고 있다. 이 장에서는 이 두 가지 사실이 실제로 어떻게 해충의 수를 줄이는지 알아볼 것이다.

농부·정원사는 여러 세대에 걸쳐 동반식물을 이용한 충해 관리를 해 왔지만, 그 상호관계의 기저는 충분히 이해하지 못했다. 사실 아직도 어떤 식물이 벌레의 숫자와 피해 정도에 어떻게, 그리고 왜 영향을 미치는지, 왜 영향을 미치지 못하는지에 관해서는 답보다 의문이 더 많다. 어리석은 미신 같은 이야기가 계속되고 있지만, 충해를 막는 동반식물 관계가 과학적 연구로 입증된 사례도 많다.

이 장에서는 충해 관리를 위해 동반식물을 이용하는 다섯 가지 방법을 소개한다.

- 트랩 경작 trap cropping으로 벌레 꾀어내기
- 기주식물을 가리거나 감추어 곤충의 먹이 활동 교란하기
- 해충의 산란 행위 방해하기
- 해충의 이동을 물리적으로 방해하는 작물 활용하기
- 다양성을 높이는 일반적 혼작 방식 이용하기

이 다섯 가지 전략과 그에 맞는 수십 가지의 실질적인 동반관계를 상세히 살

콜로라도감자잎벌레 애벌레 피해를 입은 감자잎.

덩굴강낭콩 잎을 갉아먹는 얼룩무당벌레 애벌레.

은무늬나방 애벌레는 십자화과식물을 먹이로 삼는다.

___

매미목(가루이 등) 벌레는 토마토를 포함하여 광범위한 식물 종을 먹는다.

펴보기 전에, 이해하고 넘어갈 것이 있다. 해충이 어떻게 기주식물을 단번에 발견하는지, 그리고 섞어짓기 기법은 해충이 먹이를 찾는 과정에 어떻게 관여하는지에 관한 것이다.

해충은 어떻게 기주식물을 발견하는가?

식물을 먹는 벌레는 많은 단서로 기주식물의 위치를 특정한다. 대체로 시각적 단서(기주식물의 외관, 색, 크기)와 화학적 단서(기주식물에서 발산하는 향과 비슷한 휘발성 화학물질)를 조합하여 이루어진다(또 다른 단서 하나는 145쪽에서 다룬다). 기주(기생생물에게 영양을 공급하는 식물)에서 멀리 떨어진 벌레에게는 먼저 휘발성 화학물질이 가장 큰 표지가 되고, 가까이 다가오면 시각적 단서가 더 중요한 역할을 한다.

해충이 기주식물을 찾는 데 이 두 가지 단서가 영향을 주기 때문에 둘 중 하나, 또는 둘 다 교란할 방법이 있다면 해충으로부터 작물을 지킬 수 있을 것이다. 만약 해충이 반응하는 특정 화학물질을 다른 유형의 화학물질로 위장할 수 있다면, 그 해충은 기주식물을 찾기 어려울 것이다. 마찬가지로 시각적 단서를 위장하여 해충이 기주식물을 찾는 것을 힘들게 할 수 있다. 이론적으로 동반식물로 해충에게 '혼란'을 주려면 농부는 해충이 기주식물을 찾는 행태를 교란해야 하고, 그래야 해충의 수와 그 피해를 줄일 수 있다.

하지만 해충 문제는 수많은 요인의 영향을 받기 때문에 말처럼 해결이 쉽지는 않다. 많은 해충이 다수의 잠재적 기주식물에 반응한다는 사실을 논외로 해도 각각의 벌레 종류마다 행태가 다르고, 특정 식물에 반응하는 정도도 모두 다르다. 얼마나 빨리, 또 멀리에서 다른 요인에 반응하여 움직이는지도 또 다른 요인이다. 훨씬 작고 일반적 성향을 가진 해충(가령 진딧물과 가루이1)은 광범위한 식물을 먹이로 삼기 때문에 특정 신호에 반응한다기보다 무작위로 기주식물을 선택한다고 보아야 한다. 한 연구에 따르면, 큰 곤충에게 영향을 주는 기주식물의 냄새를 지우기가 더 쉽고, 작은 곤충에게는 영향을 주기가 더 어렵다고 한다.

위장하기 대 격퇴하기

짐작하겠지만, 해충 퇴치를 위해 동반식물을 이용하는 대부분의 방법은 먹이를 찾든, 아니면 알을 낳으려고 찾든 간에 해충이 기주식물을 찾는 것을 방해하는 것이 목적이다. 동반식물에서 나오는 휘발성 화학물질은 기주식물의 화학물질을 위장할 수 있고, 만약 충분히 가까이 섞어 심는다면, 시각적으로도 해충에게 혼란을 주어 기주식물을 감추는 효과를 볼 수 있다.

이 위장 효과는 우리가 수십 년 동안 믿어 왔던 것과는 분명히 다르다. 한때는 특정한 동반식물의 향이 해충의 먹이 활동을 방해한다고 생각했다. 가령 일반적으로 추천되는 동반식물인 마리골드, 박하, 살비아세이지, 타임 등은 그 강한 향 때문에 선택되었다. 그러나 여러 해 동안 이어진 많은 연구는 해충 퇴치에 그런 향이 꼭 필요하지는 않다는 사실을 밝혀냈다. 대신 그 향은 기주식물이 발산하는 휘발성 화학물질을 위장한다고 한다. 이를 통해 특정 동반식물이 어떻게 해충을 방해하는지(또는 그렇지 않은지)는 여전히 연구 중이며 논쟁 중이라는 사실을 알 수 있다.

그러나 해충을 막아 주는 꽤 많은 기법들이 과학적으로 입증되었고, 이 책에서는 그것을 다룰 것이다. 앞서 살펴본 해충관리를 위한 섞어짓기의 다섯 가지 범주는 초식 벌레가 기주식물을 찾는 방식을 다루며, 해충관리를 통해 농부에게 도움이 되게 한다. 이제 이 다섯 가지 범주를 좀 더 자세히 알아보고, 서로 이득이 되는 구체적인 동반관계의 예도 살펴보기로 하자.

충해 관리

> **주의**
>
> 해충관리를 위해 동반식물을 이용하는 것은 장점도 있지만 단점도 있다. 그중 가장 큰 단점은 자원 경쟁이다. 주의 깊게 선정하고 관리하지 않으면, 동반식물이 주 작물을 압도하여 수확량이 감소할 수 있기 때문이다. 이 장에서 소개하는 전략을 따르더라도 주 작물이 지속적으로 햇빛, 물, 무기물 영양소를 충분히 섭취할 수 있도록 해야 한다. 천천히 자라는 작물은 빨리 자라는 작물보다 주변 작물로부터 더 빨리 영양을 빼앗기는 경향이 있다. 이는 동반식물의 수, 근접거리, 시기 등을 결정할 때 중요한 요소가 된다.

적합·부적합 착륙 이론

어떻게, 왜 혼작이 충해를 억제하는가에 관한 과학자들의 또 다른 이론은 벌레가 기주식물을 찾는 또 다른 방법, 즉 직접 접촉과 관계가 있다. 이는 적합·부적합 착륙 이론이라 불린다. 몇몇 연구로 놀라운 사실이 드러났는데, 식물을 갉아 먹는 해충이 기주식물을 특정하는 방식은 시각적·화학적 근거뿐만이 아니라 여러 차례 잎에 착지하여, 발 아래의 식물을 맛보는 행위를 통해 이루어지기도 한다는 점이다. 해충은 원하는 작물에 특정한 횟수로 착지한 후에야 충분한 자극을 받아 산란한다고 한다. 그리고 과학자들은 기주식물을 동반식물과 섞어 심으면 해충이 목표하지 않은 식물에 착륙하는 일을 겪게 되고, 이는 이전 몇 번의 정확한 착지를 초기화시켜 한곳에 정착하여 산란할 가능성을 줄인다는 사실을 발견했다. 연구에 따르면, 나대지에서 재배되는 작물에서는 해충의 36퍼센트가 기주식물에 알을 낳은 반면, 동반식물과 함께 있는 경우에는 해충의 7퍼센트만이 기주식물에 산란하는 것으로 밝혀졌다.

이 이론이 후속 연구로 더 검증된다면, 우리가 농사짓는 방식에 중요한 영향을 줄 것이다. 단작을 하는 곳에서는 혼작을 하는 곳에 비해 해충이 필요로 하는 적정 착륙 횟수를 채울 확률이 훨씬 높을 수밖에 없다. 이는 어떤 곤충이 농업환경에서는 해충이지만 혼재된 자연에서는 그렇지 않은 이유를 설명해 준다.

트랩 경작을 위한 동반식물

트랩 경작은 충해 관리를 위해 사용하는 섞어짓기 기법의 하나로, '희생' 작물을 주 작물과 함께 심어서 주 작물로부터 최대한 많은 해충을 꾀어내어 경제성을 높이는 방법이다. 주 작물보다 해충이 더 선호하는 작물을 선택하는 것이 이 방식에서 가장 중요하다.

트랩 경작은 수 세기 동안 농부들이 주 작물을 감추기 위해 사용한 방식이다. 상업적 규모에서는 주 작물로부터 해충을 꾀어낼 뿐만 아니라 좁은 지역에 집중하게 하여 유인작물에만 살충제를 살포하여 방제(유인-박멸이라 부르기도 한다)하는 경우도 있다. 작은 규모의 텃밭·정원에서도 이 방법을 쓸 수는 있지만, 적당한 유인작물이 주변에 있는 것만으로도 살충제를 쓰지 않아도 될 만큼 피해를 감소시킨다.

트랩 경작은 본질적으로 해충을 다른 곳으로 유인하여 조절하는 일이다. 대부분의 곤충은 특정 식물 종을 더 선호하는 경향이 있으며, 이는 성장 단계에 따라서도 다르기 때문에 시기와 위치 선정이 중요하다. 또 가장 적합한 동반식물을 선택해야만 최고의 결과를 얻을 수 있다. 한 가지 작물을 쓸 수도 있지만 다수의 작물을 조합하는 것이 가장 좋은 결과를 만들어 내기도 한다(159쪽의 '밀고 당기기 시스템 만들기' 부분 참조).

유인작물 트랩 작물은 대체로 주 작물보다 몇 주 정도 앞서 식재되어 주 작물의 성장 초기에 해충을 유인하는 역할을 한다. 유인작물을 이용하는 방법은 다수의 해충에게 효과적인데, 기주식물을 우연히 찾게 되는 곤충(진딧물이나 응애처럼 바람의 흐름에 따라 무작위로 도착하는 경우)보다는 시각적·화학적 근거를 함께 활용하여 기주식물을 찾는 곤충에게 더 효과적이다.

트랩 경작 방법을 쓸 때 주 작물과 유인작물의 배치나 디자인은 곤충의 행태와 이동성, 경작지의 특성 등의 요소에 따라 다르다. 대부분은 농토 외곽 주

어린 토마토 주위에 유인작물로 무를 심었다. 벼룩잎벌레가 무 잎에 몰리게 되어 토마토 모종의 피해가 줄어든다.

변을 따라 유인작물을 심어 밖으로 해충을 유인하지만, 때로는 해충의 이동성이 크지 않으면 간작이 더 효과적이기도 하다. 어떤 곳에 자리 잡는 것이 가장 좋은지는 실험을 해 봐야 알 수 있으므로, 다양한 배열을 시도해 실험하고 기록하는 것이 중요하다.

트랩 경작 동반식물 체계의 배열과 실행 방식에 일반적으로 활용할 수 있는 몇 가지 가이드라인은 다음과 같다.

- 만약 해충의 이동성이 큰 경우-예를 들어 콜로라도감자잎벌레(딱정벌레), 호박노린재squash bug, 줄무늬노린재harlequin bug, 장님노린재lygus bug-이거나 이동성이 큰 곤충의 애벌레일 때-가령 배추벌레, 배추좀나방 애벌레-에는 텃밭 둘레에 유인작물을 위치시킨다.
- 기동성이 제한적인 해충의 경우-예를 들어 진딧물, 응애, 가루이, 벼룩잎벌레flea beetle-에는 유인작물을 주 작물에 아주 가깝게 간작으로 심거나 마주한 이랑에 심어라.
- 유인작물을 심는 밭의 규모는 해충의 규모와 그 기동성을 기준으로 하면 된다. 일반적으로 주 작물 면적의 10~20퍼센트 정도는 심어야 한다.
- 유인작물은 주 작물보다 수 주일은 먼저 심어야 한다. 유인작물에 모인 해충을 없애는데 살충제를 쓰고 싶지 않다면, 습기 제거 겸용 진공청소기나 오래된 진공청소기를 사용해 보라. 효과가 좋다.
- 또 다른 효과적인 방법은 유인작물을 해충이 겨울을 날 가능성이 있는 야생지와 텃밭·정원의 경계에 심는 것이다. 이런 유인작물은 더 접근하기 쉬운 먹이 공급원이 되어 해충이 주 작물이 있는 곳으로 이주해 오는 것을 막는다.

트랩 경작은 많은 기법이 관련되어 있으며, 과학적일 뿐만 아니라 예술적이기도 하다. 농부들은 우리가 다루게 될 트랩 경작 방식보다 미묘하게 다른 방식들을 자주 사용한다. 가령 플로리다의 한 연구에 따르면 어떤 농부들은 채소밭 주변에 메밀, 기장millet, 수수, 해바라기를 심어 노린재stink bug와 허리노린재leaf-footed bug를 조절할 수 있었다. 하지만 대부분의 텃밭 농부들은 그럴 만한 여유 공간을 갖지 못한 경우가 많다. 다행히 작은 규모에 적용할 수 있는 단순하고 쉬운 방식도 많다.

양배추 + 콜라드   배추좀나방 유인하기

콜라드[2]와 양배추는 둘 다 십자화과식물로, 배추좀나방 애벌레 피해에 민감하다. 하지만 배추좀나방(어른벌레)은 산란할 때는 콜라드를 더 선호한다. 따라서 양배추에게서 50센티미터가량 떨어진 주변에 콜라드를 심으면 나방을 유인하여 양배추의 피해를 줄일 수 있다.

배추좀나방은 작고 별다른 특징이 없는 야행성 나방으로 기주식물에 알을 낳는다. 알이 부화하여 작은 애벌레가 되는데, 꼬물꼬물 움직이다가 건드리면 식물에서 뚝 떨어진다. 대개 잎 아랫부분이나 꽃대를 먹이로 삼는다. 배추좀나방 애벌레는 대부분의 십자화과식물을 먹이로 삼는다. 그래서 유인작물로서 콜라드는 브로콜리, 콜리플라워, 케일 같은 십자화과식물과 함께 심어도 효과가 있다.

양배추를 먹고 있는 배추좀나방 애벌레.

토마토 + 동부   남부풀색노린재 유인하기

2장에서 소개했던 동부는 따뜻한 계절용 피복작물로 유용하며, 남부풀색노린재를 유인하는 유인작물로도 알려져 있다.

남부풀색노린재는 미국 남부에서는 해충으로 분류된다. 어른벌레는 녹색이고 방패 모양이다. 약 1.3센티미터로 제법 크고 암컷은 일생 동안 300여 개의 알을 낳는다. 이 곤충은 토마토, 복숭아, 콩 등 많은 식물을 먹이로 삼는데, 입 주위에 바늘처럼 생긴 침을 가지고 있어 그 침을 과일이나 채소에 꽂아 용해된 식물 조직으로부터 즙을 빨아 먹는다. 피해를 입은 과일은 반점이 생기고 코르크화되며 심하게 피해를 입으면 낙과한다.

남부풀색노린재는 잘 날아다녀서 유인작물 동반관계가 잘 작동하려면 동부를 토마토나 다른 민감한 작물로부터 50센티미터가량 떨어뜨려 심어야 한다. 또 수확하려는 작물보다 몇 주 먼저 심어야 한다. 최상의 결과를 얻으려면 동부에서 발견한 노린재를 모두 없애야 한다. 이렇게 해야 노린재의 추가 피해를 막을 수 있다.

풀색노린재는 토마토도 먹지만 동부를 더 좋아한다.

호박류 + 청회색호박　호박노린재와 호박유리나방 애벌레 유인하기

청회색호박Blue Hubbard[3]은 울퉁불퉁하고 청록색 껍질을 지닌 크고 단단한 과일을 생산하는 오래된 호박 종이다. 가운데는 둥글고 끝으로 가면서 가늘어지는 큰 호박이다. 식용으로도 아주 훌륭한데, 다른 호박류에 비해 호박노린재squash bug와 호박유리나방squash vine borer[4]의 애벌레가 특히 좋아하는 품종이다. 연구에 따르면, 청회색호박을 다른 호박류 구역 주변에 심으면 곤충들이 다른 호박이 있는 곳을 떠나 청회색호박 쪽으로 모여든다고 한다.

호박노린재는 멜론, 호박류(펌킨, 스쿼시, 주키니)에 일반적으로 발생하는 해충이다. 길쭉한 갈색 방패 모양이며 어른벌레와 애벌레 모두 입 부위의 바늘같이 생긴 것으로 식물과 성장 하고 있는 과육의 즙을 빨아 먹는다. 감염이 심하면 덩굴이 시들고 갈색으로 변한다.

호박유리나방은 검붉고 투명한 날개를 가진 나방으로 낮에 활동한다. 암컷은 멜론, 스쿼시, 펌킨의 밑동에 알을 낳는데, 땅벌레처럼 생긴 애벌레는 식물 줄기를 뚫고 들어가 속의 조직을 먹어 치우고, 그 식물을 죽게 만든다.

청회색호박을 호박노린재와 호박유리나방 애벌레의 유인작물로 사용할 경우에는 다른 호박류보다 3~4주는 일찍 심어야 한다. 청회색호박은 텃밭 외곽에 심거나 적어도 다른 호박류에게서 50센티미터가량 떨어뜨려 심는다.

호박 줄기 단면의 호박유리나방 애벌레.

충해 관리

파프리카 + 매운 체리고추   고추구더기 유인하기

파프리카 둘레에 매운 체리고추를 유인작물로 심으면 고추구더기pepper maggot 의 피해를 상당히 줄인다는 연구가 있다. 코네티컷에서 농부들이 한 실험에서는 파프리카 주변에서 고추구더기 파리가 98~100퍼센트 사라졌다고 한다. 고추구더기 파리는 미국의 동부 해안에서 텍사스에 이르기까지 광범위하게 나타난다. 이 구더기는 과일을 뚫고 들어가 속의 조직을 먹는데, 번데기가 될 무렵 열매 꼭지 부분에 구멍을 뚫어 땅으로 떨어지게 만든다. 파프리카를 쪼개 보거나 매달린 채 썩는 경우가 아니면 대부분의 고추구더기는 찾아내기 어렵다. 매운 체리고추 같은 몇몇 고추 품종은 고추구더기 파리가 산란 장소로 더 선호하기 때문에 훌륭한 유인작물이 될 수 있다. 이 유인작물이 잘 작동하려면, 고추밭(혹은 파프리카 밭) 둘레에 매운 체리고추를 심거나 바깥쪽의 이랑 하나에 심는 것이 좋다. 고추구더기 어른벌레(성충, 파리의 일종)가 매운 체리고추에 산란하게 될 것이다.

고추구더기 어른벌레는 매운 체리고추에 산란하는 것을 더 선호한다.

채소류 + 무 또는 청경채 벼룩잎벌레 유인하기

채소밭에서 벼룩잎벌레flee beetle는 퇴치하기 어렵기로 악명 높은 해충이다. 딱정벌레류 중 작은 부류에 속하며, 2.5밀리미터 정도의 크기에 벼룩처럼 뛰어오른다. 북미에만 20여 개의 변종이 있다. 어른벌레는 잎 뒷면에 너덜너덜한 작은 구멍을 남기며 잎을 갉아먹고, 땅속의 애벌레는 뿌리를 갉아 먹는다. 벼룩잎벌레는 텃밭의 다양한 작물에게 피해를 입히는데, 가지, 고추, 감자, 토마토뿐만 아니라 양배추, 브로콜리, 케일 같은 십자화과식물을 먹는다. 이 벌레가 더 선호하는 작물은 무와 청경채다. 다 자란 토마토, 가지, 브로콜리는 잘 견디지만 어린 모종은 피해가 심하다. 연구에 따르면 무와 청경채를 유인작물로 활용하면 여러 다른 채소의 벼룩잎벌레 피해를 줄인다고 한다.

벼룩잎벌레는 많이 이동하는 편이 아니어서 주 작물 옆의 이랑에 무와 청경채를 심으면 된다. 두 작물 다 직파로 잘 자라고, 씨앗이 비싸지도 않다. 보호하려는 작물보다 몇 주 앞서 파종해야 한다.

청경채는 벼룩잎벌레 피해를 입은 채 자라고 있지만, 주변의 고추에는 피해가 없다.

십자화과식물 + 중국겨자　벼룩잎벌레 유인하기

중국겨자Chinese Mustard(원문에 학명이 표기되어 있지 않아 정확한 식물명을 특정하기 어렵지만, 갓으로 추측된다)는 양배추, 브로콜리, 콜리플라워 같은 십자화과식물을 벼룩잎벌레로부터 지키는 유인작물로 매우 훌륭하다.

일찍 파종한 중국겨자는 벼룩잎벌레를 유인하고, 마찬가지로 일찍 심는 십자화과식물 가까이 가지 않게 한다. 주 작물과 유인작물 모두 추운 기후를 좋아하는 비슷한 생장 조건을 가지고 있는데, 이 조합은 매우 효과적이라고 알려져 있다. 최적의 결과를 위해서는 두 작물 이랑을 번갈아 만들고, 중국겨자를 수 주일 먼저 심어 주어야 한다.

중국겨자는 벼룩잎벌레의 훌륭한 유인작물이다.

채소류 + 겨자 줄무늬노린재 유인하기

겨자(겨자채, 잎을 먹도록 육종된 품종, 특히 '서던 자이언트 컬드Southern Giant Curled')는 줄무늬노린재harlequin bug에게 최고로 매력적인 식물이다. 실제 현장 연구에서 이 곤충은 다른 어떤 작물보다 일관성 있게 겨자를 더 선호했다.

줄무늬노린재는 십자화과식물에 매우 치명적인 해충이다. 또 콩, 감자, 호박, 토마토, 아스파라거스, 과일, 덤불딸기도 먹어 치운다. 남부 지역에 더 많지만, 북부 지역에까지 광범위하게 출현한다. 이 벌레는 비교적 크며, 검고 밝은 오렌지색 무늬가 있다. 어른벌레와 애벌레 모두 바늘 같은 입 부위로 잎과 과일의 즙을 빨아 먹는데, 피해를 입은 잎은 갈색으로 변하며 죽는다. 줄무늬노린재도 일반 노린재류와 같이 건드리면 고약한 냄새를 풍긴다.

줄무늬노린재는 매년 수 세대가 번식하기 때문에 문제가 매우 심각한데, 생육 초기부터 민감한 주 작물에서 벗어나 유인작물에 산란하도록 이끌어 피해를 줄이도록 노력하는 것이 좋다. 채소류를 재배하기 수 주 전 텃밭 외곽에 줄 맞추어 겨자를 심는다. 줄무늬노린재는 이동성이 강하기 때문에 주 작물에서 50센티미터가량 거리를 두어 겨자를 심어야 한다.

겨자잎을 먹는 줄무늬노린재.

딸기 + 알팔파   장님노린재 유인하기

장님노린재lygus bug, 다른 이름은 western tarnished plant bug는 채소와 과일을 탐하는데, 미국 전역에서 나타난다. 어른벌레는 연녹색과 짙은 갈색을 띠고 검은 반점이 있다. 약 6밀리미터 정도 크기의 작은 벌레지만 심각한 피해를 발생시킨다. 연간 3~4세대가 발현되고 애벌레와 어른벌레 모두 성장하고 있는 과일의 즙을 빨아 먹는다.

장님노린재는 목화, 사과뿐만 아니라 토마토, 콩까지 공격하며 특히 딸기에 심각한 피해를 주는데, 과일을 뒤틀리고 비뚤어진 모양기형과, catfacing으로 만들어 버린다. 실험 결과, 장님노린재가 딸기보다 알팔파를 더 선호하는 것으로 나타났고, 딸기 네 줄당 알팔파 한 줄을 심으면 피해를 현저히 줄일 수 있다. 캘리포니아의 이 실험에서는 알팔파에 붙은 장님노린재를 진공청소기로 빨아들여 개체 수를 90퍼센트나 줄일 수 있었다.

텃밭에서는 유인작물로 알팔파를 딸기밭의 2~3퍼센트 정도로 식재하면 된다. 알팔파는 딸기에 가깝게 심는 것이 좋지만, 딸기와 영양분을 두고 경쟁하지 않을 정도는 거리를 두어야 한다.

알팔파는 딸기로부터 장님노린재를 유인한다.

밀고 당기기 시스템 만들기

동반식물 기법에서 밀고 당기기 시스템으로 알려진 또 다른 중요한 방법이 있는데, 방어층을 한 겹 더하는 것이다. 이것은 해충을 유인하는 유인작물과 감추고 위장해 주는 작물을 함께 심는 것을 말한다. 해충은 위장작물 때문에 주 작물로부터 밀려나고, 유인작물에 당겨지는 것이다. 밀고 당기기 시스템은 위장 작물이 주 작물과 간작 또는 혼작되고, 유인작물이 그 바깥쪽 주변에 위치해 있을 경우에 매우 효과적이다.

주 작물 위장을 위한 동반식물

해충이 기주식물을 찾는 능력에 관해서는 과학자들 사이에 잘 알려진 가설이 있다. '자원집중 가설resource concentration hypothesis'이다. 식물을 포식하는 해충들은 다양성이 존재하는 정주체계에서는 기주식물을 찾아 머무르기가 더 어렵다는 것이다. 현장 연구 결과를 보면 섞어짓기를 하는 밭의 초식 곤충들이 그곳에서 자라는 작물에 머무는 시간이 훨씬 적다. 혼작 상태[5]에서는 해충을 먹는 익충도 많아지므로 이런 결과가 결합하여 해충의 개체 수가 한층 줄어들고 피해도 감소한다.

동반식물 재배 기법은 실질적인 혼작 상태를 만드는 방법의 하나이기 때문에 이 자원집중 가설은 작은 규모의 텃밭에서도 작동한다. 7장에서는 동반식물 재배 기법이 어떻게 익충의 개체 수를 늘리는지 살펴보게 될 것이다. 지금부터는 휘발성 화학물질 위장, 시각적 교란, 적정 착지 수 제한 등의 방법으로 주 작물을 보호하는 쓸 만한 식물 조합의 목록을 살펴본다.

고추 + 파·마늘류 Allium   복숭아혹진딧물

복숭아혹진딧물은 고추를 먹이로 삼는 대표적인 진딧물이다. 봄부터 가을까지 입 부위의 바늘 같은 것으로 식물의 즙을 빨아 먹는다. 진딧물은 아주 작고, 서양 배 모양으로 날개가 있는 것도 있고 없는 것도 있다. 그 후두부를 자세히 관찰하면, 뿔관이라 불리는 양쪽으로 삐져나온 두 개의 관을 볼 수 있는데, 포식자에게 공격당할 때 이 관으로 경고 신호인 페로몬을 분비한다. 북미에는 수백 종의 진딧물이 있다. 보통 특정 기주식물을 필요로 하는데, 심지어 특정 종이나 과의 식물만 먹기도 한다. 진딧물은 주로 새 잎을 내는 성장 부위나 잎 밑면에 군집한 것을 볼 수 있다. 진딧물 피해가 심하면, 잎이 오그라들거나 누렇게 변한다. 복숭아혹진딧물은 고추에 여러 세균을 감염시키는 것으로도 알려져 있다.

고추와 함께 양파, 골파scallion, 마늘 등의 부추속 작물들Allium을 섞어 심으면, 진딧물이 고추에 달라붙는 것을 막을 수 있다. 선택한 동반식물은 고추 사이나 둘레에 심도록 한다.

양파류 주변에 고추를 심으면 복숭아혹진딧물의 피해를 막을 수 있다.

주키니 + 한련화nasturtium   호박노린재

호박노린재는 펌킨, 스쿼시, 주키니, 멜론, 오이 등에 발생하는 일반적 해충으로, 합성 화학 살충제를 쓰지 않으면 제어하기 어렵다. 하지만 아이오와주립대학교에서 이루어진 연구에 따르면, 주키니와 함께 한련화Tropaeolum majus를 심은 경우 주키니만 키웠을 때보다 호박노린재의 수가 급격히 줄고 피해도 줄었다고 한다.

이 연구는 여름 호박에 대한 실험이었지만, 이 조합은 겨울 호박 종에도 충분히 적용할 수 있을 것이다. 한련화는 먹을 수 있는 예쁜 꽃을 피우는 1년생 식물로, 겨울 호박과 함께 심은 조합이 설사 효과가 크지 않다 해도, 텃밭에 예쁜 꽃을 더해 주고 호박밭 수분 매개체의 활동도 도울 것이다.

작은 텃밭에서는 관목형 한련화 품종을 선택하면 좋고, 그렇지 않다면 덩굴성 품종을 선택하여 호박 사이로 무성하게 뻗어 나가도록 하는 것이 더 나을 수도 있다.

주키니 사이로 한련화가 기어가듯 자라고 있다.
이는 호박노린재 억제에 도움이 된다.

배추 + 파   벼룩잎벌레

배추는 벼룩잎벌레가 좋아하는 십자화과식물 중 하나다. 배추를 파와 나란히 심으면, 벼룩잎벌레의 피해가 현저히 줄어든다. 그러나 워싱턴주립대학교의 연구에 따르면, 파가 브로콜리를 포함한 다른 십자화과식물에 긍정적인 효과를 주지는 않는다고 한다.

따라서 배추나 다른 십자화과식물을 파와 나란히 섞어 심고, 그에 더해 밀고 당기기 시스템(159쪽 참조)을 조성하는 겨자와 함께 심는다면, 벼룩잎벌레를 방제하는 데 한층 효과적일 수 있다. 양파류는 십자화과식물을 위장해 주어 벼룩잎벌레를 텃밭의 다른 곳으로 가게 만든다. 파, 배추를 포함한 십자화과식물, 겨자는 모두 봄의 서늘한 기후를 좋아하기 때문에 이 밀고 당기기 시스템은 재배 초기부터 효과적으로 활용할 수 있다. 후반부에는 온난한 계절을 좋아하는 가지나 토마토 같은 작물에 나타나는 벼룩잎벌레 피해를 줄일 수도 있다.

배추 사이로 파 모종을 듬성듬성 심었다. 이는 벼룩잎벌레로부터 배추를 위장하기 위한 것이다.

충해 관리

토마토 + 바질   총채벌레

총채벌레는 작고 길쭉한 곤충으로 수액을 빨아먹어 잎, 꽃눈, 과일을 오그라들게 하거나 회백색으로 변하며 탈색되게 한다. 총채벌레는 다양한 질병을 옮기기도 하는데, 토마토반점위조바이러스 전파의 주범이기도 하다. 약 1.2밀리미터 크기밖에 되지 않아, 식별과 방제가 모두 관건이다. 토마토 총채벌레 피해의 징후는 성장 부진, 과일에 나타나는 희미한 반점, 조기 낙과 등인데, 모두 작고 검은 배설물 반점을 동반한다. 종종 말단 부위의 싹이 죽거나 성장 부진을 보이기도 한다. 총채벌레의 피해는 다른 곤충이나 진드기류의 피해와 유사하기 때문에 혼동하기 쉽다.

서양꽃총채벌레western flower thrip나 양파총채벌레onion thrip처럼 토마토를 먹는 같은 종의 총채벌레들은 양파(적양파를 더 선호한다)도 먹이로 삼는다. 따라서 텃밭에 총채벌레가 기승을 부린다면, 양파와 토마토는 따로 심는 것이 좋다. 그리고 토마토를 바질*Ocimum basilicum*과 섞어 심어서, 바질의 위장 효과로 총채벌레의 피해를 줄여야 한다.

바질을 다른 작물과 동반하여 심는 기법에 대한 연구는 찾지 못했지만, 총채벌레 피해를 입는 고추, 가지, 콩, 셀러리, 감자 등과도 좋은 동반관계를 보여줄 것으로 짐작된다. 확실하지는 않지만, 이 조합은 적어도 해를 끼치지는 않을 것이다.

바질은 토마토를 총채벌레로부터 가려 준다. 두 작물을 나란히 심으면 총채벌레의 피해가 줄어든다.

콜라드 + 금잔화 진딧물

진딧물은 콜라드를 포함한 다른 십자화과식물에 피해를 주는 것으로 악명 높다. 콜라드와 금잔화카렌듈라, *Calendula officinalis*를 섞어 심으면 진딧물을 막아주고, 진딧물을 먹는 익충들을 불러 모은다고 알려져 있다(좀 더 상세한 내용은 7장에서 다룬다).

포트 마리골드pot marigold라고도 불리는 금잔화는 텃밭에 직파하여 가꿀 수 있는 1년생 식물이다. 꽃은 식용할 수 있어 여러 요리에도 사용되고, 장식이나 차를 만드는 데도 이용된다. 홑잎종과 쌍엽종이 있는데, 수분 매개체나 익충은 홑잎종을 더 선호한다.

콜라드(그리고 다른 십자화과식물들)와 금잔화, 다른 꽃이 피는 허브, 1년생 식물들을 함께 심는 것도 진딧물 줄이기에 도움이 된다.

진딧물의 수와 피해를 줄이려면 콜라드와 금잔화를 함께 키우도록 한다.

감자 + 쑥국화 또는 개박하   콜로라도감자잎벌레 Colorado potato beetle

흔한 허브 식물인 쑥국화 Tanacetum vulgare와 개박하 Nepeta spp.는 감자밭에 섞어 심으면 감자에 피해를 주는 콜로라도감자잎벌레를 퇴치할 수 있다. 감자밭 바깥에 심을 때는 효과가 덜하다.

쑥국화는 국화과 Asteraceae의 다년생식물이다. 양치류를 닮은 초록 잎 윗부분에 단추 모양의 노란 꽃을 피운다. 근경이라 부르는 뿌리줄기로 비교적 빠르게 번식하지만, 급속하게 퍼지지는 않는다. 영하 34도까지 견딜 만큼 추위에 강하다. 잎은 자극적인 향을 가지고 있어 감자잎의 휘발성 화학물질을 위장하고, 콜로라도감자잎벌레가 먹이를 찾기 어렵게 만든다.

네페타류의 개박하에는 여러 종류가 있다. 이 향기가 나는 식물은 꿀풀과 Lamiacceae에 속하고, 회녹색 잎에 예쁜 보라색 꽃이 잘 어우러진다. 정원에 많이 심는 종은 추위에 강해서 영하 34도까지 견딘다.

이 두 허브 식물을 같이, 또는 따로 감자와 섞어 심을 때 주의할 점은 두 식물 모두 다년생이고, 감자를 캘 때 두 식물의 뿌리 주변의 흙을 파 뒤져야 한다는 것이다. 고맙게도 이 두 식물 모두 강인해서 감자를 캐다가 뿌리가 뽑힌다 해도 다시 심으면 된다.

이 동반식물 관계의 또 다른 문제가 있다. 감자는 토양 유래 병균을 막기 위해 매번 다른 곳에 심어야 하는데, 다년생인 이 두 작물도 따라서 위치를 옮겨야 한다는 것이다. 하지만 다행히도 두 종류 모두 강인해서, 새로 옮긴 곳에 활착이 잘되도록 초기에 물만 충분히 주면 아무 문제 없이 살아난다.

감자와 훌륭한 동반관계를 형성하는 개박하는 콜로라도감자잎벌레를 막아 준다.

산란을 방해하는 동반식물

적합·부적합 착륙 이론(145쪽 참조)에 따르면, 곤충은 기주식물에 특정 횟수로 착륙하는데 성공해야 산란 신호를 받고 알을 낳을 수 있다. 산란하려는 곤충에게서 기주식물을 감추어 주는 동반식물 관계는 바로 이 점을 이용한다. 다음의 동반식물 관계는 특정 작물에 벌레가 알을 낳는 것을 막아 준다.

십자화과식물 + 살비아, 딜, 카밀레, 히솝   배추벌레

살비아세이지, Salvia officinalis, 딜Anethum graveolens, 카밀레저먼캐모마일, Matricaria chamomilla, 히솝Hyssopus officinalis은 그 향기와 높은 정유[6] 함량 때문에 많은 해충을 쫓는 동반식물로 추천받아 왔지만, 그러한 결과가 실제 연구에서 늘 입증되지는 않는다. 이 허브들은 호박노린재, 넓적다리잎벌레cucumber beetle 같은 곤충들을 방제하는 효과가 거의 없거나, 전혀 없다는 연구도 여럿 있다.

하지만 배추벌레의 경우 도움이 된다는 사실이 밝혀졌다. 이 향기로운 식물들이 배추벌레의 어른벌레인 나비가 알을 낳는 것을 방해하기 때문이다. 한 종류든 여러 종류든, 이 허브들을 십자화과식물과 같이 재배하면 그 향으로 십자화과식물을 위장하거나 기주식물을 감추어 주는 효과가 있어 배추벌레나비의 산란이 훨씬 줄어든다.

더욱이 이 허브들은 많은 익충에게 밀원을 제공하여 배추벌레나 다른 해충 애벌레들을 잡아먹게 하므로, 알을 낳는다 해도 결과적으로 애벌레의 숫자와 애벌레 때문에 생기는 피해가 줄어든다.

이 허브들은 모두 재배가 쉽다. 살비아와 히솝은 추위에 강한 다년생 식물이고, 딜과 카밀레는 자가번식을 하기 때문에 매년 그 주변에서 다시 자라는 1년생 식물이다. 하지만 씨앗이 너무 많이 떨어지면, 잡초처럼 무성해질 수도 있

브로콜리와 함께 심은 딜의 잎(고사리 모양, 산형)은 배추벌레 어른벌레의 산란행위를 줄인다.

으니 주의해야 한다. 요리용으로 꽃을 잘라 사용하면, 씨가 맺히는 것을 줄여서 원치 않는 데도 지나치게 자라는 것을 막아 줄 수 있다. 이 두 식물이 다소 지나치게 열정적으로 씨앗을 퍼뜨리긴 하지만, 다년생 작물보다는 이 두 1년생 작물을 십자화과식물과 섞어 짓는 것이 좀 더 실용적이다. 십자화과식물은 매년 새로운 곳에 심어 주어야 해서 다년생 허브를 같이 심는다면 그것들도 해마다 뽑아서 다시 심어야 하기 때문이다.

배추벌레가 양배추에 알을 낳는 것을 줄이기 위해
텃밭에 카밀레(차로 활용)를 양배추와 함께 심는다.

토마토 + 바질   박각시나방 애벌레

토마토와 바질을 함께 심으면, 토마토박각시나방과 담배박각시나방hornworm[7]의 산란을 억제하는 효과가 있다.

토마토박각시나방과 담배박각시나방은 밀접히 연관된 두 종의 나방이다. 큰 갈색 어른벌레는 밤에 주로 활동하는데, 관 모양의 꽃에서 꿀을 빨아 먹고 토마토, 담배, 가지, 고추 등의 가지속 작물에 알을 낳는다. 애벌레는 처음에는 아주 작지만 엄지손가락 크기로 자라서 기주식물을 게걸스럽게 먹어 치운다. 이 두 종류의 애벌레는 중간 정도의 녹색을 띠며 흰색의 사선 줄담배박각시나방 애벌레, 또는 양 옆으로 V자 무늬토마토박각시나방 애벌레를 가지고 있다. 또 뒤쪽에 뿔처럼 생긴 침이 튀어나와 있다.

작은 애벌레 시기에, 특히 낮에는 기주식물의 몸통, 주로 줄기 아래에 매달려 있기 때문에 발견하기가 어렵다. 하지만 자라면, 크기가 너무 커서 눈에 안 보일 수가 없다.

토마토 주변이나 사이에 키가 큰 종류의 바질을 심으면, 이 박각시나방의 산란을 방해한다. 가장 좋은 효과를 보려면 바질을 토마토 가까이에 심어야 하지만, 너무 가까우면 통풍을 방해해서 세균성 질병이 발생할 수 있다. 토마토 한 포기마다 4~5개의 바질을 빙 둘러 심거나, 바질 이랑과 토마토 이랑을 번갈아 만들어도 된다.

토마토와 바질(사진은 붉은 바질)을 혼식하면, 토마토박각시나방과 담배박각시나방의 산란을 제한할 수 있다.

담배박각시나방 애벌레가 토마토 줄기를 먹고 있다.

토마토 + 타임 또는 바질　　노란줄무늬거염벌레

노란줄무늬거염벌레yellow-striped armyworm는 미국 동부에서 서부 로키산맥에 이르기까지 광범위한 지역에 나타나는 해충이다. 남서부 지역에서도 나타나지만, 주로 남동부 지역에 창궐한다.

철마다 여러 세대의 거염벌레를 볼 수 있다. 처음 알에서 깨어난 애벌레들은 무리 지어 먹이 활동을 하다가 어느 정도 자라면 뿔뿔이 흩어지는데, 크기는 약 2센티미터 정도다. 어른벌레인 나방은 크기가 작고 앞날개는 갈색, 뒷날개는 흰색이다. 야행성이며 밤에 주로 산란한다.

애벌레일 때는 잎을 주로 먹지만, 커지면 열매를 공격하여 구멍을 남긴다. 상추, 양배추, 콩, 고추, 당근, 순무 등 작물 대부분과 꽃까지도 먹어 치운다.

아이오와주립대학교의 한 연구에 의하면, 토마토와 타임 또는 바질을 섞어 심으면 거염벌레 어른벌레가 알을 낳는 것을 현격히 줄일 수 있다고 한다. 타임을 피복한 곳 아래에 토마토를 심거나 토마토 둘레에 바질을 심으면 이 해충을 막을 수 있다. 다만, 타임은 다년생이어서 매년 토마토 심는 자리를 바꾸게 되면 함께 옮겨야 한다.

노란줄무늬거염벌레 어른벌레로부터 토마토를 위장해 주는 타임(백리향)은 토마토의 훌륭한 동반식물 중 하나다.

노란줄무늬거염벌레.

십자화과식물 + 타임 배추벌레와 은무늬나방 애벌레

아이오와주립대학교의 한 연구에서는 브로콜리와 양배추를 타임과 함께 심었더니 배추벌레 나비와 은무늬나방의 산란이 현저히 줄어든다는 사실을 밝혀냈다. 이 벌레들은 브로콜리를 포함한 모든 십자화과식물에 가장 흔한 해충이다.

외래종인 배추벌레 어른벌레는 하얀 날개의 길이가 2.5~4센티미터 정도이며, 주로 낮에 활동하는 나비다. 암컷은 모든 십자화과식물에 노란 타원형의 알을 낳는다. 부화한 애벌레는 연녹색이며 희미하고 긴 크림색 줄무늬가 온몸에 있다. 이 애벌레들은 순식간에 기주식물의 잎을 앙상하게 만든다.

은무늬나방은 배추벌레 어른벌레와 비슷한 크기의 회갈색 야행성 나방이다. 앞날개마다 가운데에 8자 모양의 무늬가 있다. 알은 희고 두툼한 원판 같은 모양이고, 연녹색 애벌레는 양옆으로 흰 줄무늬가 있다. 아치형의 둥근 몸통이 움직일 때면 마치 자벌레inchworm 같다.

산란 억제 효과가 있는 타임과 함께 심은 곳에는 기주식물만 심은 곳보다 벌레의 개체 수가 훨씬 적었다. 타임만 이런 역할을 하는 동반식물은 아니다. 실제로 다른 작물로 십자화과식물 주변에 생멀치 식물을 심은 곳에서도 상대적으로 이 벌레들의 개체 수가 적게 나타났다.

이 아름다운 채소밭에는 배추벌레와 은무늬나방 애벌레의 피해를 줄이기 위해 심은 타임이 양배추 주변에 카펫처럼 자라고 있다.

은무늬나방 애벌레는 십자화과식물에서 자주 발견되는 해충이다.

충해 관리

양파와 십자화과식물 + 마리골드　　양파고자리파리와 양배추고자리파리

마리골드[8]는 동반식물로 자주 추천 받는 식물이지만 실은 극찬받는 조합들의 대다수는 과학적인 근거가 없다. 여기에 소개되는 조합은 좋은 효과를 보였다.

양파와 마리골드 섞어짓기를 실험한 여러 연구에서 고자리파리onion root maggot fly의 산란이 줄어드는 것이 관찰되었다. 고자리파리는 설명하기 어렵지만, 회갈색의 파리다. 파리 암컷은 양파, 마늘, 파의 밑부분에 알을 낳는다. 그 애벌레는 뿌리, 구근, 줄기를 먹으며 땅속에서 번데기로 겨울을 나는데, 봄에 새로운 세대의 어른벌레인 파리가 되어 기주식물을 찾아다닌다. 피해를 입은 부분은 종종 썩어 버린다. 불행하게도 한 사이클의 재배기간 동안 3세대 이상의 양파고자리파리가 출현한다.

유사한 해충인 양배추고자리파리cabbage root fly는 생김새와 행동이 비슷하지만 양배추나무, 순무 같은 뿌리작물을 포함한 다른 십자화과식물을 기주식물로 삼는다. 작물의 밑동에 알을 낳고, 부화한 구더기는 뿌리와 줄기 밑동을 먹이로 삼아 식물의 뿌리 전체를 망가뜨린다. 감염된 식물은 시들시들해지고, 바깥 잎이 누렇거나 보라색으로 변하면서 결국 쓰러져 죽는다. 감염된 식물을 뽑아 보면, 살아 있는 애벌레가 죽은 뿌리들을 먹고 있는 것을 볼 수 있다. 양배추고자리파리도 양파고자리파리와 같이 마리골드와 함께 심으면 알을 덜 낳는다. 마리골드와 양파, 십자화과식물을 번갈아 심거나 한 줄에 두 동반식물을 섞어서 심어도 된다.

양배추 + 토끼풀   양배추고자리파리

네덜란드의 한 연구에 따르면, 양배추와 토끼풀을 함께 재배한 곳이 그렇지 않은 곳에 비해 고자리파리의 알이 더 적고, 애벌레의 활동도 줄어 더 질 좋은 양배추를 생산하는 것으로 나타났다. 양배추가 토끼풀과 영양분을 경쟁하느라 크기가 좀 작긴 했지만, 살충제를 줄인 비용을 고려하면 문제가 되지는 않는다.

이 동반관계에서는 양배추를 토끼풀 생멀치 아래로 줄 맞추어 심어야 한다. 토끼풀이 다년생이기 때문에, 이 관계를 이용하려면 재배 시기가 끝날 때마다 땅을 갈아 엎어서 토끼풀을 없애거나 작물순환 체계를 잘 구성하여 매년 다른 작물로 바꿔 심는 방법을 찾아야 한다.

양배추고자리파리 애벌레는 양배추 밑동과 뿌리를 먹는다.

고자리파리의 산란을 막으려면 양배추 아래에 토끼풀을 생멀치 식물로 기르도록 한다.

해충의 이동을 방해하는 동반식물

충해 관리를 위해 농부가 사용할 수 있는 또 다른 동반관계는 물리적으로 곤충의 이동을 방해하는 것이다. 두 가지 기본적 기법이 해충이 주 작물에 다가가는 것을 막아 줄 것이다.

생울타리

첫 번째 기법은 텃밭과 비경작지(해충의 비작기 기간 주거지) 경계에 식물 울타리를 만드는 것이다. 울타리는 시골 텃밭이나 농토에서 흔히 볼 수 있는 풍경이었지만, 도심 교외에 대규모 개발이 일어나면서 훼손되어 보기 어려운 풍경이 되어 버렸다. 이를 새롭게 유행시킬 필요가 있다.

식물 울타리는 나무, 관목, 잡풀, 다년생 식물 등이 어우러진 선형의 넓고 영속적인 식물군이다. 그 식물들은 촘촘히 식재되어 있고, 순차적으로 꽃을 피우거나 다양한 질감과 성장 패턴을 갖는 것들로 구성된다. 전통적으로 울타리는 농토의 가장자리, 과수원, 포도원이나 토지 경계에 주로 세워진다. 적절하게 조성된다면 해충이 야생의 공간(겨울을 나거나 텃밭에 기주식물이 없을 때 먹이를 구하는 곳)에서 텃밭으로 넘나드는 것을 방지할 수 있다.

울타리를 세우면 그 외에도 많은 유익한 효과가 있다. 울타리는 그 빽빽한 가지, 잔가지, 줄기로 눈보라나 바람을 막는 항구적 방풍림, 피난처, 통행로를 조성한다. 또 야생동물에게 보금자리를 제공하고, 토양의 침식을 막고, 공기 중의 먼지를 거르며, 관리가 까다로운 잔디의 성장을 억제하고, 수분 매개체의 다양성을 제공한다. 수분 매개체나 익충 대부분은 1년생 식물보다는 연중 내내 활용이 가능한 울타리 같은 환경을 더 선호한다.

광범위한 교외 지역 개발지는 이런 울타리를 조성하기에 아주 적절한 곳이다. 택지 조성 과정에서 나무와 들판, 식물들이 파괴되고 바람막이와 그늘,

야생동물들의 서식지가 사라진 빈 땅만 남는다. 토지 경계나 집과 도로 사이에 울타리를 조성하면, 소음과 먼지를 피할 수 있고 사생활 보호도 가능하다. 지역 입장에서는 도로변에 조성한 울타리가 겨울에 눈을 치우는 과정에서 눈더미 때문에 통행로가 막히는 불편함을 막아 줄 수도 있다. 울타리가 있는 곳에서는 눈더미가 통행로에 쌓이지 않고 그 밑동에 걸쳐지기 때문이다.

이상적인 울타리는 토종 나무와 관목, 그 아래에는 다년생 화초나 야생식물로 구성하여 식물 다양성을 높이고 경계를 도드라지게 한다. 좋은 결과를 보려면 다양한 식물을 선택하라(187쪽 식물 목록 참조). 이에 더해 자신의 입맛을 만족시켜 줄 몇 가지 식용 작물을 포함하는 것도 좋다.

혼잡해 보이지 않게 식재하는 것이 울타리 조성에서 제일 어려운 부분이다. 시골에 사는 사람이나 농부의 입장에서는 최소한의 관리로 키울 수 있는 울타리를 선호할 것이다. 도시나 교외 지역에서는 목적에 맞게 울타리를 조성하고 잘 관리하여 이웃이나 자치조직이 문제를 제기하는 일이 없도록 주의해야 한다. 이웃이 가까이 있는 경우에는 다소 공식적인 울타리를 조성하고, 정기적으로 잡초를 뽑고, 멀치를 하거나 또는 다른 방식으로 관리해야 한다.

북미 지역에서 식물 울타리를 조성할 때 좋은 식물들은 다음과 같다.

- 미국호랑가시나무 *Ilex opaca*
- 버지니아감나무 *Diospyros virginiana*
- 자작나무 *Betula* spp.
- 루드베키아류 *Rudbeckia* spp.
- 블루베리류 *Vaccinium* spp. 원추천인국속 식물
- 에키나시아류 *Echinacea* spp. 자주천인국속 식물
- 엘더베리류 *Sambucus* spp. 딱총나무속 식물
- 조팝나무류 *Spiraea* spp. 조팝나무속 식물
- 산국수나무류 *Physocarpus* spp. 산국수나무속 식물
- 뽀뽀나무 *Asimina triloba*
- 스포로볼루스 헤테로레피스 *Sporobolus heterolepis*
- 캐나다박태기나무 *Cercis canadensis*
- 채진목 serviceberry, *Amelanchier* spp. 채진목속 식물
- 옥시덴드룸 아르보레움 *Oxydendrum arboreum* 북미 원산 철쭉과 교목
- 옻나무류 sumac, *Rhus* spp. 붉나무속 식물
- 해바라기 *Helianthus annuus*
- 큰개기장 *Panicum virgatum*
- 가막살나무 *Viburnum* spp. 산분꽃나무속 식물
- 버지니아 목련 *Magnolia virginiana*
- 풍년화류 *Hamamelis* spp. 풍년화속 식물
- 톱풀류 *Achillea* spp. 톱풀속 식물

울타리는 길이나 넓이에 상관없이 선형으로 길게 조성하면 되는데, 폭은 적어도 300~360센티미터 정도가 되어야 한다. 면적이 클수록 당연히 더 다양한 식물을 활용할 수 있고, 그 울타리가 주는 이점도 늘어난다.

톱풀류

엘더베리류

풍년화류

당근을 둘러싼 알리섬같이 낮게 깔리는 식물은 당근의 고자리파리를 포함해 토양에 알을 낳는 해충을 억제한다.

충해 관리

땅속 해충을 위한 낮은 키의 피복작물

동반식물을 이용해 해충 이동을 방해하는 두 번째 방법은 작은 키의 피복작물을 활용하는 것이다. 이는 산란이나 용화(번데기화)에 어려움을 주고 땅속에 사는 해충이 땅으로 들어가는 것을 방해한다.

많은 부류의 해충이 알, 애벌레, 번데기, 또는 어른벌레 상태로 땅속에서 생애의 일부분을 보낸다. 가령 벼룩잎벌레flea beetle나 넓적다리잎벌레cucumber beetle는 어른벌레일 때 땅 위에서 식물을 먹지만, 애벌레는 땅속에서 기주식물의 뿌리를 먹는다. 당근, 양파, 양배추 등에 생기는 고자리파리류는 무수히 많은데, 이들 종과 진딧물 몇 종은 다른 많은 해충처럼 식물의 뿌리를 먹는다. 배추벌레와 은무늬나방 애벌레, 담배박각시나방 애벌레와 토마토박각시나방 애벌레, 노란줄무늬거염벌레, 회색담배나방 애벌레corn earworm, tomato fruitworm, 그리고 많은 애벌레류는 번데기가 될 무렵 기주식물에서 내려와 땅을 파고들어 땅속에 고치를 만든다.

낮게 자라는 피복작물이나 생멀치는 생애의 일정 부분을 땅속에서 보내는 해충의 수를 줄인다고 알려져 있다. 넓적다리잎벌레, 벼룩잎벌레, 고자리파리 등과 같은 해충은 땅속에 알을 낳는데, 이 작물들이 암컷의 산란을 방해한다. 해충이 땅으로 접근할 수 없게 되면서 지하에서 번데기를 만들 수 있는 능력이 급격히 저하된다. 크림슨클로버나 귀리, 토끼풀, 동부와 같은 공식적인 생멀치 식물이든, 낮게 자라는 타임이나 알리섬Lobularia mmarittima이든 관계없이, 땅을 덮은 식물이 있다는 것 자체로 작물의 주변에서 발견되는 해충의 수가 줄어든다.

그냥 섞어라

충해 관리를 위한 마지막 동반식물 기법은 이 책 여기저기에서 강조했던 다양성, 다양성, 다양성이다. 물론 이 책에 소개된 동반식물을 심으면 특정한 해충을 억제하는 데 도움이 될 것이다. 그러나 최선의 방법은 텃밭을 최대한 다양한 식물이 함께하도록 구성하여 익충의 종류와 수를 늘리고, 해충의 전체적인 수를 줄여서 균형 잡힌 텃밭으로 만드는 것이다.

1 영어로 'whitefly'라고 하는 가루이는 매미목 가루이과의 벌레들을 의미하며 수액을 먹는다. 가루이 또는 매미목류로 번역했다.
2 쌈채소로 먹어 쌈케일이라고도 부르는 십자화과식물이다. 결구되지 않는 양배추다.
3 저장용 서양 호박의 일종으로 청회색을 띤다.
4 천공충. 나무좀의 일종이다.
5 원문에서는 'polyculture'를 '혼작'이라는 농사 용어가 아니라 '여러 종이 동시에 재배되는 상태'를 의미하는 경우가 많다. 직역은 어감이 어색하여 '혼작 상태'라는 다소 애매한 용어로 번역했다.
6 에센셜오일은 식물에서 추출하는 기름으로, 세포에 함유된 기름 성분이 특정한 향기를 발산한다. 이를 추출하여 화장품 원료로 쓰거나 먹기도 한다.
7 hornworm은 뿔벌레라는 뜻으로, 우리나라에서는 그렇게 부르지 않지만 생김새에 걸맞는 이름이다.
8 국화과 *Asteraceae* 천수국속 *Tagetes* 식물을 통틀어 이르는 말이다.

6
병해 관리
Disease Management

동반식물의 이용과
섞어짓기로 병해 줄이기

미국 북동부에서 신선식품으로 소비되거나 가공용으로 재배된 채소의 10~15퍼센트가 토양 유래 질병으로 손실된다고 한다. 이는 농업 분야에 막대한 손실을 가져온다. (그 계산에 포함되지 않은) 토양 유래 병원체 때문에 생기는 텃밭·정원의 손실도 그에 못지않게 엄청날 것이다. 만약 다음과 같은 일반적인 식물의 질병을 겪어 보았다면, 그 피해가 얼마나 큰지 충분히 알 것이다.

줄기 또는 관부썩음병stem or crown rot — 토마토마름병, 솜털썩음병cottony rot, 흰비단병, 모잘록병damping-off, 줄기마름병stem canker, 과일무름병fruit rot 등이 포함된다.

뿌리썩음병root rot

시듦병wilt disease

세균성 질병bacterial disease — 감자더뎅이병potato scab, 화상병fire blight, 오이시듦병cucumber wilt, 무름병soft rot 등이 해당한다.

이 장에서는 이런 병해를 포함한 다른 일반적인 병을 막을 수 있는 동반식물 기법을 살펴본다.

피복작물과
생멀치

농토나 텃밭에 피복작물과 생멀치를 통합해 적용하는 것은 병해를 줄이는 두 가지 방법 중 하나다. 주 작물을 재배하기 전에 피복작물을 심어 갈아엎으면 병해 발생률이 감소한다는 사실이 여러 연구로 알려졌다. 텃밭 농부들에게 더 중요한 사실이겠지만, 생멀치로 재배했을 때와 같이 피복작물을 베어 낸 뒤 그 자리에 두었을 때도 병해 발생률이 줄어든다.

피복작물과 생멀치로 질병을 얼마나 억누를 수 있는지는 중요한 연구 주제다. 피복작물과 생멀치(다른 유래 유기물 포함)가 토양에 더해지면 토양 미생물체의 활동과 다양성이 증가하여 토양 유래 질병이 줄어든다. 토양 미생물이 풍부한 농토에서는 내병성 미생물체들이 영양분을 두고 더 치열한 경쟁을 한다. 또 유익한 미생물체는 병원균이 창궐하는 것을 막는 화합물을 만들어 내기도 한다.

토양 유래 질병 관리에 도움이 될 피복작물과 생멀치 활용법에는 크게 여섯 가지 방식이 있는데, 이를 차례대로 살펴보자.

토양에 항균화합물 또는 항균상태 조성하기

정진균작용fungistasis이란 균류의 활동이 억제되어 줄어드는 것을 말한다. 이는 토양에 항균화합물이 출현하거나 병원균이 성장하는 데 필요한 특정 영양소가 줄어들기 때문에 일어난다. 동반식물 재배는 식물병원균을 조절하는 새로운 방법으로 주목받고 있다. 여러 사례연구의 결과를 보면, 세균의 다양성이 감소하면 토양의 병원균 억제력도 따라서 줄어든다. 이는 토양 세균의 다양성이 커질수록 병해가 줄어든다는 사실을 의미한다. 하지만 그 감소 정도는 매우 유동적이고 토양의 유형, 사용된 피복작물의 종류, 기후 등 많은 요소에 영향을 받는다. 이 분야의 연구와 실험은 더 많은 정보를 만들어 내고 있으며, 그에 따라 식물 질병을 억제하는 방식을 이해하는 지평도 더욱 넓어지고 있다.

분명 모든 피복작물과 생멀치가 토양에 정진균작용을 증가시키는 것은 아니지만, 몇 가지의 경우 병해 발현에 영향을 준다는 사실이 연구로 밝혀졌다. 가령 겨자는 살균 성분을 지닌 글루코시놀레이트라 불리는 화합물을 생성한다. 겨자가 죽어 몸체가 분해된 뒤에도 그 화합물은 토양 미생물의 활동과 다양성을 증가시키고, 병원균을 줄어들게 한다. 감자를 재배하기 전에 겨자를 피복작물로 심으면 흑색근부병rhizoctonia root rot(뿌리썩음병의 일종)의 발병률을 줄이는 것으로 알려져 있다. 수단그라스와 겨자를 피복작물로 심어 경운하여 땅속에 넣으면 소위 '천연훈증제biofumigant[1]' 효과를 보여 토마토의 버티실리움verticillium 시듦병을 줄일 수 있다.

이로운 미생물 보양하기

피복작물과 생멀치가 토양 유래 질병에 영향을 주는 또 다른 방식은 병원균에 대항하는 이로운 미생물을 보양하는 능력으로 이루어진다. 이는 미생물 간 자원 경쟁을 유발해 병원균의 힘을 약화시키는 방식으로 이루어지거나, 병원균에 직접적으로 작용하는 특정 미생물을 증가시켜 특정 질병을 억제하는 방식으로 이루어진다. 가령 몇몇 특정 토양균은 피티움pythium[2] 푸사리움fusarium[3] 그리고 다른 일반 식물병원균과 싸우는 것으로 알려져 있다.

특정 병원균을 억제하든 또는 일반적인 억제자로 작용하든, 토양 내 미생물의 다양한 층위는 토양 유래 질병이 발생하는 데 영향을 미친다. 뿌리 주변의 미생물체들(균근류)이 작물로 하여금 스트레스를 잘 견디게 하고, 식물의 성장

수단그라스(피복작물). 토양 교란을 최소화하고 미생물 활동을 확장하기 위해 이 밭은 경운하지 않았다. 피복작물이자 생멀치는 잡초의 성장을 억제하고 유기물 양을 증진시킨다(사진 속 푯말의 내용).

흙에 직접 닿은 상태에서 열매를 키우는 덩굴작물은 토양 유래 병균에 감염될 위험이 높다.

을 도우며, 질병의 발생을 억제한다는 사실은 과학자들 사이에서 보편적으로 인정되고 있는 사실이다. 뿌리와 관련된 미생물체가 식물의 자연 방어체계를 변화시켜 질병 저항성을 키운다는 사실도 잘 알려져 있다.

피복작물과 생멀치는 토양에 사는 미생물의 종과 양에 영향을 미치기 때문에 그들의 존재 자체가 영양·수분 흡수력을 높여 식물의 건강을 전반적으로 개선해 병 때문에 발생하는 피해를 줄인다.

흙탕물이 튀어 생기는 질병 줄이기

세 번째 방식은 피복작물과 생멀치가 만드는 물리적 장애물이 흙탕물이 튀는 것을 줄여 주어 발병률을 낮추는 것이다. 많은 토양 유래 질병이 식물체의 잎이나 열매에 흙탕물이 튀어 발생한다. 빗물이나 관개수가 토양을 때릴 때, 아래쪽 잎에 흙탕물이 튀면서 질병을 일으키는 곰팡이 포자가 묻을 수도 있다. 한 연구에 따르면, 피복작물 잔여물로 멀치가 된 곳에 심은 토마토에는 엽상 질병인 셉토리아septoria반점병백반병이 눈에 띄게 줄었다. 피복작물 호밀의 잔여물에 심은 호박의 균류 썩음병에도 같은 결과가 나타났다. 피복작물의 잔여물이나 생멀치는 펌킨, 스쿼시, 수박, 오이같이 땅 위에서 열매가 자라는 열매 작물에게 흙탕물이 덜 튀게 해 주고, 토양과 열매 사이에 보호막 역할을 하여 발병률을 현저히 줄인다. 또 열매가 흙에 직접 닿아 울퉁불퉁해지는 등의 문제를 방지하기도 한다.

곤충 매개 질병 억제하기

피복작물과 생멀치를 이용한 동반식물 기법은 질병을 옮기는 곤충이 기주식물을 발견하기 어렵게 하여 질병 발생률을 줄인다. 앞 장에서 논의했듯, 단일작물을 심은 텃밭에 비해 섞어짓기를 한 텃밭에서 초식 곤충이 선호하는 기주식물을 발견하기가 더 어렵다. 따라서 피복작물과 생멀치를 포함하여 다양한 작물을 재배하면 병원균의 전이율이 낮아질 수밖에 없다.

어떤 동반관계는 질병 매개 곤충을 먹는 익충들의 다양성과 수를 증가시켜 발병률을 줄이는 결과를 만들어 내기도 한다. 7장에서 생물학적 통제를 개선하는 동반식물 관계를 다루면서 이 부분을 상세히 살펴보도록 하겠다.

토양과 식물의 전반적 건강 증진하기

2장에서 우리는 토양 준비와 관리에 동반식물을 어떻게 사용하는지 살펴보았다. 토양비옥도와 구조가 개선되면 영양분과 수분의 흡수율도 높아져 식물의 성장이 촉진된다. 또 토양 유래 질병 저항성을 강화시켜 더욱 건강한 식물로 자라게 한다.

피복작물과 생멀치는 토양의 경화를 막기도 한다. 경화된 토양은 (식물체의 잎이나 열매에 흙탕물이 튀는 등) 여러 물리적 환경 때문에 발생하는 특정한 뿌리 질환을 증가시킨다. 배수가 나쁜 토양에 자리 잡은 뿌리는 산소 결핍으로 뿌리 질환이 생긴다. 피복작물을 활용한 토양에서는 유기물과 미생물이 토양이 굳는 것을 줄여 주며, 결과적으로 토양 경화 때문에 발생하는 병도 감소시킨다.

토양 병원균 증가 방해하기

피복작물이 병해를 줄이는 또 다른 놀라운 방식은 토양 유래 병원균이 토양을 점령하는 능력을 억제하는 것으로 이루어진다. 피복작물을 채소와 번갈아 키우면 병해에 취약한 여러 작물을 식재할 때 그 사이 시간을 늘려 줄 수 있다. 대부분의 토양 유래 질병은 적절한 기주식물 없이는 몇 해 정도밖에 생존하지 못하기 때문에 적절한 순환작부체계[4]에 따라 피복작물을 재배하면 텃밭에서 특정 질병이 창궐하는 것을 막을 수 있다. 병원균이 생존하는 기간은 다양하지만, 질병에 취약한 동일 작물이나 작물군을 계속해서 심는 것은 반복 감염(연작 피해)의 원인이 된다.

작은 용기에서도 동반식물 재배가 가능하다. 이 화분에는 잎이 작은 토끼풀과 스쿼시가 함께 자라고 있다.

병해 관리

지금까지 다룬 여러 기법 중 어떤 방법을 사용하건 간에 토양 유래 질병을 억제하기 위해 사용하는 피복작물과 생멀치 기법은 그 결과가 다양할 수 있고, 특히 단기간이라면 더욱 그렇다는 점이 중요하다. 실제로 작동되는 변수가 많은데, 날씨, 피복작물의 관리 정도, 토양 조건 등에 따라 다른 결과가 나올 수도 있다. 긴 기간 동안 적용된다면 더욱 확실하지만, 100퍼센트 효과를 볼 수 있다고 하기는 어렵다. 동반식물을 이용해 어느 정도 병해 발생의 빈도와 확산을 줄이는 것을 목표로 설정하는 것이 좋다.

인내하라, 방심하지 말라, 그리고 유연하라.

때로는 피복작물이 특정 병해를 증가시키기도 한다. 만약 피복작물을 경운한다면, 모종을 밭으로 옮겨 심기 3~4주 전에 해야 한다. 피티움 *pythium*[5] 같은 병균은 피복작물이 토양과 섞이면서 자극을 받아 발현하기 때문에, 경운 후 기다리는 시간이 반드시 필요하다. 어떤 피복작물은 그 자체로 특정 병균의 숙주가 되기도 하고, 그 잔여물에 작물을 재배할 때까지 남아서 감염을 일으킬 수도 있다. 가령 토끼풀과 메밀의 경우 피복작물을 갈아엎은 후 너무 빨리 콩을 재배하면, 뿌리썩음병의 발생을 증가시킬 수 있다.

십자화과식물은 병해를 억제하는 최고의 피복작물이지만, 때로는 그 이후에 재배하는 작물의 뿌리 근처 균근류의 다양성과 활동에 영향을 주기도 한다. 균근류 활동이 단기간에 감소하면 균근류 네트워크를 통해 흡수하는 수분과 영양소가 줄어들어 질병 억제력이 약화된다.

삶이든 텃밭의 일이든, 무언가를 밝혀내는 일의 대부분은 실험과 유연성이 필요하다. 당신의 특별한 토양 조건에서 무엇이 병해를 조절하는지 알려면 여러 동반식물 기법을 시도해 보라. 물론 동반식물 재배는 이제 막 주목받기 시작한 과학적인 방법이라 많은 부분에서 새로운 배움과 시도가 필요하다는 점을 잊지 말아야 한다.

1. 토양훈증제는 해로운 생물을 방제하기 위하여 토양에 주입하는 휘발성 약제인데, 여기서는 피복작물의 잔여물로 만들어지므로 천연훈증제인 셈이다.
2. 뿌리썩음병, 모잘록병 등을 유발하며 과습 상태에서 주로 발생한다.
3. 시듦병, 모잘록병 등을 유발하는 토양 유래 사상균.
4. 작물의 종류별 재배 시기와 위치 등을 정하는 것으로, 기상 조건과 지력 유지 등 여러 복합적인 농사 여건을 고려하여 세우는 농사계획이다.
5. 모잘록병, 뿌리썩음병 등을 유발하는 토양 유래 병원균으로 고온·다습한 상황에서 잘 발현한다.

토양 유래 질병을 관리하는 동반식물

몇 가지 검증된 피복작물과 채소 작물의 조합을 여기 소개한다. 모두 채소를 재배할 때 자연적으로 질병을 억제하기 위한 것들이다.

감자 + 귀리 또는 겨울 호밀   버티실리움[1] 시듦병 verticillium wilt

버티실리움 시듦병은 북미 전 지역에서 토양 균류 때문에 발생하는 질병이다. 식물의 수분 전달 조직에 감염을 일으켜 식물을 누렇게 만들거나 시들게 하고, 종종 다 자라지 못하고 죽게 만든다. 감자에 이 병이 발생한 경우, 감자의 크기가 작아지고 전체적인 수확량이 감소한다. 다른 많은 작물도 버티실리움 시듦병에 취약하다. 이 병을 유발하는 유기체는 토양뿐만 아니라 농사도구나 기구에도 살고, 심지어는 기주식물을 바꾸기도 한다.

이 동반관계는 과거에 기르던 감자가 이 병에 감염된 적이 있는 경우에 적당하다. 피복작물인 귀리는 감자를 재배하기 전 가을에 심어야 한다. 2장의 내용을 기억하겠지만, 귀리는 서늘한 계절에 적당한 피복작물로, 겨울이 추운 곳에서는 얼어 죽는다. 다음 해에 감자를 심을 곳에, 적어도 늦여름에는 귀리를 직파한다. 봄이 오면 귀리 잔여물을 그대로 두고, 헤집어 감자를 심는다. 귀리 잔여물이 있기 때문에 감자 주변에 균근류가 번성하게 되고, 버티실리움 병원균을 몰아내는 결과를 가져온다.

겨울 호밀은 감자의 버티실리움 시듦병 발생률을 줄일 수 있는 대안적 피복작물이다. 만약 귀리 대신 겨울 호밀을 선택한다면, 감자를 심기 3~4주 전에 경운하여 흙과 섞어 주거나 꽃이 피기 전에 잘라 내고 잔여물을 남겨 둔 채 감자를 심으면 된다.

귀리 잔여물 멀치 속에서 자라고 있는 감자

감자 + 십자화과식물 감자더뎅이병

감자더뎅이병은 전 세계적으로 발생한다. 이 병으로 감자가 죽지는 않지만, 감자 표피에 상처를 만들어 저장성을 떨어뜨린다. 감자더뎅이병은 연작을 하면 많이 생기기 때문에, 같은 곳에 계속 감자를 심으면 문제가 매우 심각해진다. 피복작물로 십자화과식물을 활용하면 감자더뎅이병을 억제할 수 있다. 십자화과식물은 감자더뎅이병을 유발하는 스트렙토미세스 $streptomyces$ 균을 억제하는 물질인 글루코시놀레이트를 분비하는데, 겨자가 그중 으뜸이고 유채가 가장 효과가 덜하다. 이 동반관계가 잘 작동하려면 감자를 심기 3~4주 전에 십자화과 피복작물의 잔여물을 흙과 잘 섞어 주어야 한다.

겨자를 피복작물로 심으면 감자더뎅이병에 효과적이다.

콜리플라워와 상추 + 십자화과식물   버티실리움 시듦병과 스클레로티나[2]

줄기썩음병 sclerotina stem rot

십자화과식물을 피복작물로 활용할 경우 감자더뎅이병 관리뿐만 아니라 콜리플라워의 시듦병과 상추의 줄기썩음병의 발병률을 줄인다. 앞서 언급한 바와 같이, 상추와 콜리플라워 모종을 정식하기 3~4주 전에는 십자화과 피복작물의 잔여물을 흙과 잘 섞어야 한다.

버티실리움 시듦병은 작물이 시들거나 누렇게 되는 증상을 보이는데, 그러다가 말라 죽기도 한다. 버티실리움균은 땅속에 있는 균이어서 다루기가 쉽지 않다. 상추 줄기썩음병은 줄기에 백화白化가 진행되고, 성장이 늦어지며, 줄기나 수관 부위가 갈색으로 짓무르는 증상으로 발전한다. 또 단단하고 둥근 검은색 혹(스클레로티나라 부른다)을 볼 수 있고, 여러 해 동안 토양 속에 생존한다. 상추눈물무름병, lettuce drop이라고도 불리는데, 습윤한 조건에서 잘 번진다. 이 질병이 발생하는 기주식물로는 콩, 셀러리, 토마토, 콜리플라워 등이 있다.

버티실리움 시듦병은 감자와 다른 일반적인 정원식물에도 치명적인 피해를 준다.

상추에 생긴 스클레로티나 줄기썩음병, 십자화과식물을 피복작물로 심으면 그 피해를 줄일 수 있다.

병해 관리

토마토 + 헤어리베치　잎에 발생하는 병

토마토는 수많은 토양 유래 병원균에 취약하다. 조기 시듦병이나 셉토리아 반점병에 감염되면 잎이 누렇게 변하고, 잎 위에 반점이나 상처 등이 생기며, 수확량이 감소한다. 헤어리베치를 피복작물로 심어 토마토를 재배하면, 비닐 멀칭 위에 재배한 것보다 병해가 훨씬 적고, 수확량도 많아진다. 헤어리베치는 길가에 침식 방지용으로 쓰일 만큼 공격적인 침략종인 크라운베치Crown vetch와는 다른 종이라는 점을 기억해야 한다. 순식간에 텃밭을 점령하는 크라운베치보다는 다루기 쉽다.

콩과식물인 헤어리베치는 피복작물로 자주 활용되며, 매우 추운 곳에서도 겨울을 난다. 또 엄청난 양의 질소를 고정한다. 가을에 심으면 이듬해 봄에 약 120센티미터에 이를 정도로 자란다. 이 동반식물 관계를 이용할 때는 굳이 경운하여 흙과 섞을 필요는 없다. 대신 줄예초기나 잔디깎기, 낫 등을 이용하여 잘라 눕히면 된다. 늦봄이나 초여름에 첫 꼬투리가 생기자마자 해야 한다. 자연발아하여 문제를 일으킬 수 있으므로 꼬투리가 통통해질 때까지 기다리면 안 되지만, 너무 일찍 자르면 다시 자란다. 잘라 낸 후 잔여물을 그대로 둔 채 토마토 모종을 심으면 되고, 가급적 베자마자 심는다.

헤어리베치의 잔여물은 두툼한 깔개처럼 땅에 덮여 잎에 생기는 질병을 막아 줄 뿐 아니라 잡초 억제에도 탁월하다. 헤어리베치 피복은 다른 작물의 질병 저항성도 높여 주는 것으로 알려져 있다.

수박 + 헤어리베치　푸사리움 시듦병

푸사리움 시듦병은 식물의 수분 이동을 제약한다. 이 병에 걸리면 가지나 덩굴이 하나씩 누렇게 변하며 시들어 가는데, 회복되지 않는다. 때로는 가지 하나, 또는 식물의 한쪽만 감염되기도 한다. 계속 진행되면 식물체는 죽는다. 이 병을 유발하는 균은 땅속에서, 심지어는 씨앗 위에서도 쉽게 겨울을 난다. 푸사리움 시듦병은 전체적으로 발생하기보다 흩어져서 듬성듬성 나타나는 경향이 있다.

수박을 재배하기 전에 헤어리베치를 피복작물로 재배하면 이 병의 발생률을 줄인다. 한 연구에 따르면, 이 재배 기법은 수박의 당도를 높인다고 한다. 이 동반관계는 피복작물의 잔여물이 푸사리움균의 줄기 우점률을 낮추기 때문으로 보인다.

가을에 헤어리베치를 재배하여 다음 해 봄에 첫째 꼬투리가 보일 때 베어 눕힌다. 씨앗이 영글도록 두지 말아야 하며, 잔여물을 그대로 두고 수박을 직파하거나 모종으로 심으면 된다. 헤어리베치 줄기는 두툼한 깔개처럼 땅을 덮어 병균을 억제하고, 잡초를 방제하며, 수박이 흙으로부터 거리를 둔 채 익게 한다. 또 다른 연구에 따르면, 크림슨클로버를 피복작물로 활용해도 수박의 균근류 우점도[3]를 높여 푸사리움 시듦병을 줄일 수 있다고 한다.

헤어리베치는 토마토와 수박에 좋은 피복작물이며, 아름다운 보라색 꽃이 핀다.

콩 + 겨울 밀 또는 호밀   뿌리썩음병

콩 뿌리썩음병은 리족토니아*Rhizocttonia*라 불리는 땅속 균에 의하여 발병하는데, 작물이 망가지기 전에는 확인하기 어렵다. 콩뿐만 아니라 다른 채소류나 화초류도 감염시키는 이 병은 식물의 활력을 떨어뜨리고, 수확량을 감소시키며, 작물을 죽음에 이르게 한다. 만약 콩 뿌리썩음병에 감염된 것이 아닌지 의심스럽다면, 식물 한 줄기를 뽑아 작고 가늘며 물에 불은 듯한 흔적을 뿌리에서 찾아 보라. 감염되었다면 뿌리 전체의 크기도 줄어들고 전반적으로 어두운 색을 띠고 있을 것이다. 이 균은 여러 해 동안 땅속에서 감염된 식물 잔여물에서 생존할 수 있기에 순환작부체계를 적용할 필요가 있다. 이는 꼬투리째 먹는 깍지콩보다는 곡물 콩에 보편적으로 나타나며, 습한 날씨와 단단한 토질에서 잘 발생한다.

겨울 밀과 호밀 피복작물에 이어 콩을 재배하면 콩 뿌리썩음병 발생률이 줄어든다는 연구는 많다. 겨울 밀이든 겨울 호밀이든 늦은 여름이나 초가을에 직파한다. 두 종 모두 겨울을 잘 난다. 다음 봄에 막 꽃이 필 무렵 베어 눕혀 준다. 그 잔여물을 땅 위에 둔 채 헤집고 콩을 직파하면 된다. 겨울 호밀은 타감작용을 하지만, 콩의 발아를 방해할 정도는 아니다. 타감작용으로 발아가 잘 안 되는 경우는 씨앗이 작은 종에 해당하지 콩은 아니다.

뿌리썩음병에 시달리는 콩의 뿌리와 겨울 호밀 잔여물 멀치에 심을 모종.

공기 순환
개선하기

식물의 잎과 줄기를 망가뜨리는 질병들이 있다. 녹병rust, 흰가루병powdery mildew, 노균병downy mildew, 잎마름병leaf blight, 반점병leaf spot 등이다. 이런 질병의 발생과 확산을 막는 또 다른 유형의 동반식물 재배 기법이 있다.

재배 기간 동안 식물을 감염시키는 다수의 병원균은 공기 순환이나 동물의 털, 심지어는 사람의 피부와 옷으로 이동하는 포자가 퍼뜨린다. 이 포자가 새로운 기주식물의 잎에서 발아, 활착, 성장하기 위해서는 대체로 습기가 많은 조건이 필요하다. 아침나절에 물을 주어 잎들이 빨리 마르게 한다든가, 잎 주위보다 뿌리 주변에 물을 준다든가, 공기 순환이 잘되도록 충분히 거리를 두고 심는다든가 하는 것은 모두 균류 유발 질병을 줄이는 아주 단순한 방법이다. 이 기본적인 방법을 실천하고 동반식물 관계를 잘 계획하여 함께 적용하면 효과는 더욱 클 것이다.

섞어짓기는 각각의 식물체마다 충분한 공기 흐름을 보장해, 비 온 뒤나 물을 준 뒤는 물론 습도가 높은 기간에도 잎이 쉽게 마를 수 있게 해야 한다. 이와 같이 순환을 개선하려면 맨땅에 띄엄띄엄 작물을 심는 것만으로는 안 되고, 작물들이 층위를 이루게 해서 식재해야 한다. 토마토, 고추, 오크라 같은 큰 키 작물은 당근, 비트, 강낭콩같이 작은 키 작물과 섞어 심어야 한다. 그래야 공간을 효율적으로 이용할 수 있고 식물의 각 층위마다 공기 순환이 원활해진다. 이 기법을 전통적인 이랑 재배나 채소밭 스타일potager-style의 섞어짓기나 틀밭raised bed에 적용해 볼 수 있다.

이랑 재배의 경우 잇달아 세 줄에 모두 토마토를 심기보다 토마토를 심고, 다음

여러 층으로 작물을 심어 공기 순환을 원활하게 해주면 병해를 줄일 수 있다.

키 작은 작물(가령 강낭콩)과 키 큰 작물(가령 토마토)를 번갈아 심으면, 층위 효과를 형성하여 공기 순환을 극대화할 수 있다.

병해 관리

줄에 작은 키 작물인 강낭콩을 심거나 한 이랑에 그들을 번갈아 심어 보라. 구획을 나누거나 틀밭을 활용한 혼식 텃밭에서는 작은 키 채소들을 치마처럼 두르고 큰 키 작물을 심거나, 모양에 따라 짝짓거나 섞어서 심어 보라.

이 동반식물 기법으로 공기 순환을 개선하면 잎에 발생하는 균류 유래 질병을 억제할 수 있다. 그뿐만 아니라 토양 내 다양한 균근류의 개체 수를 늘리고 토양을 그늘지게 하여 잡초 발생이 줄어든다. 또 복잡한 잎사귀들 속에서 해충이 적절한 기주식물 찾는 것을 어렵게 하여 잎을 우걱우걱 먹어 치우는 벌레의 피해를 줄일 수 있다.

이런 방법으로 동반식물을 심어 재배하면 토양 유래 병원균에 덜 취약한 식물이 토양을 덮어, 흙탕물이 튀어 발생하는 영향도 추가로 줄일 수 있다.

1 불완전균에 속하는 곰팡이의 일종으로 광범위한 작물의 시듦병, 풋마름병(청고병) 등을 유발한다.

8 균핵병균속의 각종 균으로 딱딱한 껍질을 지닌 덩어리의 형태로 발현되어 수년간 생존할 수 있다.

3 특정 군락 내에서 각각의 종이 어느 정도 우세한가를 나타내는 정도를 우점도라 하고 이를 비율로 표시할 때 우점률이라고 한다.

날씨의 영향과 품종

병원균은 습도에 많은 영향을 받기 때문에, 아주 잘 관리된 텃밭이라도 습한 날씨 때문에 높은 습도가 지속되면 균류가 유발하는 질병이 걷잡을 수 없이 퍼지는 피해를 경험하기도 한다. 봄·여름비가 잦은 해, 또는 기본적으로 과습한 기후를 지닌 곳에서는 이런 동반식물 재배 기법이 그다지 효과가 없을 수도 있다. 그럴 때는 자연 살균제 활용, 적절한 텃밭 소독, 성실한 관리 등 추가적인 질병 조절법을 활용해야 한다.

날씨 예측과 상관없이 식물병원균에 저항성이 강한 식물을 심는 것도 좋다. 그런 저항성은 자연적으로 생겨났을 수도 있고 교배를 해서 육종했을 수도 있다. 모종이나 씨앗을 구매할 때 씨앗 카탈로그나 포트에 붙은 태그에서 질병저항성에 관련 문구를 유의하여 살펴보라. 품종 설명 전후에 질병저항성에 관한 내용이 기호로 표기되어 있을 것이다. CMV는 오이 모자이크병cucumber mosaic virus에 저항성이 있다는 의미이고, F는 푸사리움 시듦병에 저항성이 있다는 뜻이다. 각 기호의 의미는 씨앗 관련 카탈로그나 웹사이트 등에서 찾을 수 있으며, 국제 씨앗 연합International Seed Federation 웹사이트에서도 찾아볼 수 있다. 많은 조직이 병균저항성 관련 기호의 표준화를 위해 노력하고 있지만, 독자적인 코드를 사용하는 경우도 있다.

7
생물학적 조절
Biological Control

해충을 잡아먹는
익충을 지원하고 유인하는
동반식물

우리 농부들은 곤충과 관련된 노력 대부분을 해충 조절에 쓰지만, 사실 지구상에서 확인된 수백만 종의 곤충 중 농업적으로 또는 인간에게 해충으로 분류되는 것은 1퍼센트 미만이다. 우리가 텃밭이나 주변에서 마주하는 곤충 대부분은 사람이나 주변 환경에 해를 끼치지 않는다. 그 곤충들은 반려동물이나 아이들처럼 애지중지 키우는 식물을 씹어먹는 것이 아니라 생태계에 필요한 다른 기능을 수행하고 있는 것이다. 아마도 그들은 분해자이거나 수분 매개체이거나, 혹시 행운이 따른다면 여러분이 애지중지하는 식물의 잎을 갉아 먹는 해충을 통제하거나 잡아먹는 포식자 또는 기생포식자일 수도 있다. 결국 그곳은 벌레가 벌레를 먹는 세계다.

해충과 싸우는 데 많은 시간과 노력과 돈을 낭비하지 말고, 자연적으로 해충의 수를 억제해 주는 익충들을 돌보는 일에 더 시간을 들이는 것이 좋다. 그러면 텃밭은 자연적으로 균형을 되찾고, 살충제나 다른 방법으로 해충을 관리할 필요도 줄어들 수 있다.

생물학적 조절이란 무엇인가?

생물학적 조절biological control, 또는 생체조절biocontrol의 과학은 살아 있는 한 유기체를 다른 유기체의 개체 수를 조절하는 데 활용한다는 뜻이다. 본질적으로 '좋은' 벌레가 '나쁜' 벌레를 관리하도록 유도하는 것을 의미한다. 동반식물을 이용해 어떻게 생체조절을 할 수 있는지 살펴보기 전에 생체조절의 세 가지 유형과 그 작동방식을 이해해야 한다.

처음 두 유형은 의도적으로 특정 곤충을 방사하는 것이다. 작은 규모에서는 부가적 생체조절이라고 알려져 있다. 지역의 원예점에서 통에 담긴 무당벌레를 보았거나, 식물원에서 특정 해충 조절을 위해 기생말벌[1]을 풀어 놓았다는 표지판을 보았을 수도 있다. 이런 부가적 방사는 매우 효과적이지만, 온실 같은 폐쇄적인 환경이 아니면 그다지 도움이 되지 않는다. 이 부가적 생체조절법은 매우 과학적인데, 그 이유는 대부분의 포식곤충이 특정한 해충이나 해충군만 먹이로 삼기 때문이다. 풀어 놓을 곤충이 문제가 되는 해충을 잡아먹는다는 것을 사전에 알아야 하며, 그렇지 않으면 돈과 시간을 낭비하게 된다. 생체조절 전문가들은 어떤 해충에게 어떤 포식자를 사용해야 하는지 잘 아는데, 대체로 상업적인 재배지에서 많이 활용된다. 통에 담아 판매하는 무당벌레도 있지만, 굳이 사지는 말라. 대부분은 철 따라 이동하는 흰목줄무당벌레convergent ladybug, *Hippodamia convergens*인데, 그들의 월동 서식지인 미국 서부의 해 잘 드는 산꼭대기에서 수집되어 전국 각지로 배송된 것들이다. 이는 야생을 망가뜨리는 일일 뿐만 아니라 텃밭의 토착종 무당벌레들에게 잠재적 질병을 퍼뜨릴 수도 있다. 집에서 이런 부가적 생체조절을 실천할 예정이라면,

곤충을 직접 기르는 상업적 곤충사육장에서 구매하는 편이 좋다. 그곳의 직원이 문제가 되는 해충에 가장 알맞은 익충을 추천해 줄 것이다.

야외 또는 큰 규모의 장소에 의도적으로 곤충을 방사하는 것은 고전적인 생물학적 조절 방법에 속한다. 가끔 정부 기관에서 자연 상태에서는 포식자가 없는 침입종 곤충이 출현했을 때 특정 포식곤충이나 기생벌을 대규모로 방사했다는 뉴스를 들어 보았을 것이다. 이런 전통적인 생체조절법은 많은 상황에서 유용하지만, 적용하면서 실패를 겪기도 했다. 예를 들어, 나무의 해충을 조절하기 위해 아시아다색무당벌레Asian multicolored ladybug, *Harmonia axyridis*가 수입된 적이 있다. 하지만 그 곤충이 월동을 위해 집이나 다른 구조물로 들어가면서 오히려 골치 아픈 해충이 되어 버렸다. 아시아다색무당벌레를 방사할 때 지역 생태계에 미칠 영향과 포식자에 관한 주의 깊은 연구가 선행되었어야 했는데 부족했던 것이다. 이제는 사전에 수년에 걸쳐 특정 곤충의 생체조절 적정성을 검사하고, 혹시 일어날지도 모르는 다른 곤충들의 피해도 연구한다.

아시아다색무당벌레의 생체조절 사례는 잘못 진행된 경우이지만, 전통적인 대규모 생체조절은 부정적인 영향보다는 긍정적인 영향이 더 많다. 예를 들면 얼룩무당벌레Mexican bean beetle는 페디오기생벌pedio wasp, *Pediobius foveolatus*로 관리가 잘 되었고, 솜깍지벌레cottony-cushion scale는 베달리아무당벌레vedalia lady bug, *Rodolia cardinalis* 덕분에 캘리포니아 선인장 농장에서 박멸되었으며, 느릅나무잎벌레elm leaf beetle는 두 종류의 기생율로피드말벌eulophid wasp로 통제되었고, 화살나무깍지벌레euonymus scale는 비토착종인 무당벌레를 방사하여 퇴치했다.

생물학적 조절의 마지막 유형인 '보존 생물학적 조절conservation biological control'은 이 책의 목적 중 가장 중요한 부분에 해당한다. 보존 생체조절은 토착 익충을 보호하고 활성화하는 것이다. 살충제를 줄이거나 사용하지 않기, 곤충 우호적인 정주체계 만들기, 필수적인 먹이 공급하기, 자연환경에 의도적인 곤

충 방사하지 않기 등으로 이루어질 수 있다. 익충의 수를 늘리기 위해 텃밭의 서식 환경을 개선하는 일은 특정 해충을 관리하는 훌륭한 방법이며, 동반식물 재배는 매우 유용한 도구가 된다.

텃밭에 방사되는 곤충사육장에서 온 풀잠자리.

작은 기생말벌 한 마리가 딜의 꽃에서 꿀을 먹고 있다.

자연적 해충 포식 확대하기

애벌레의 먹잇감이나 거주지로 사용하기 위해 다른 곤충을 잡아 이용하는 포식곤충은 기생충(숙주를 죽이지 않는)과 달리 포식기생적parasitoidal이어서 결국 해당 곤충을 죽게 만든다. 기생적parasitic이거나 포식기생적인 두 곤충군에는 수십만 종까지는 아닐지라도 적어도 서로 다른 수만 종이 있다. 보통은 '익충' 또는 '자연적 적군, 천적'이라고 불리는데, 이 곤충 포식자와 포식기생충은 해충을 조절하는 자연적인 수단으로 권장된다.

하지만 다수의 익충은 생존을 위해 먹잇감으로 취하는 단백질 이상이 필요하다. 예를 들어 무당벌레와 풀잠자리는 밀원에서 취하는 탄수화물이 없으면 번식을 하지 못하며, 기생말벌 애벌레는 진딧물이나 토마토박각시나방 애벌레를 먹고, 어른벌레는 꽃과 같은 밀원에서 당분을 섭취한다. 꽃등에의 경우 애벌레는 진딧물로 성찬을 차리고, 어른벌레는 단백질이 풍성한 꽃가루와 탄수화물이 녹아 있는 밀원을 소비한다. 확실히 몇몇 포식곤충(예를 들어 광대파리매robber fly, 잠자리, 딱정벌레)은 먹잇감으로 특정 곤충 이외에는 먹지 않지만, 대부분의 익충은 특정 시기에 식물의 꽃가루와 꿀을 섭취한다. 이 부분이 동반식물 관계가 관여하는 지점이다.

익충의 활동을 지원하여 해충을 조절하는 동반식물 관계는 여러 가지다.

- 충해에 취약한 작물과 그 해충을 먹는 익충에게 꽃가루와 꿀을 제공할 식물 종 짝지어 주기
- 익충에게 친숙한 식물들을 텃밭에 충분히 심어, 익충들이 잘 먹고 그곳에

꽃등에가 회향꽃에서 꿀을 먹고 있다.

생물학적 조절

머물도록 해서 미래에 발생할 해충 확산 조절하기
- 익충에게 1년 내내 머물 수 있는 주거지용 동반식물 심기

다음에 다룰 동반식물 전략은 포식자나 포식기생충에게 서식지를 제공하거나 먹을 수 있는 꽃가루와 꿀을 제공하는 방식이다. 두 방법 모두 익충들이 머물면서 해충을 관리하는 데 도움을 준다.

천적유지식물 뱅커식물:
익충을 위한 '뭐든 먹을 수 있는' 벌레 뷔페

익충을 돕는 또 다른 동반식물 재배 기법은 천적유지식물을 활용하는 것이다. 천적유지식물이란 해충의 먹이가 되는 희생적 동반식물이다. 수확하려는 작물이 해충으로부터 자유로울 수 있도록, 해충의 먹이를 제공하면서, 결국 익충의 밥상을 차려 주는 것을 말한다. 이런 천적유지식물을 심을 때는 해충이 문제가 되지 않을 만큼 사라진 뒤에도 머물면서 번식이 가능하도록 개체 수를 유지하는 것이 중요하다. 예를 들어 곡물을 진딧물의 먹이 공급원으로 심으면 기생말벌, 풀잠자리, 무당벌레 등 진딧물을 먹이로 삼는 다른 포식자들이 많이 모여들게 되고, 채소나 열매 작물에 진딧물이 꼬이기 시작할 때쯤에는 그곳에 자연적으로 천적들이 많이 모이게 할 수 있다. 천적유지식물은 주로 농장, 과수원, 포도원, 온실 등에서 활용하지만, 텃밭에서도 아주 유용하게 활용될 수 있다.

익충을 유인하는 동반식물

때로는 해충에 취약한 식물을 포식자에게 먹을거리와 서식지를 제공하는 식물과 함께 재배할 수도 있다. 대부분의 익충은 입 부위에 꽃에서 꿀을 빨 수 있는 깊은 관 모양의 특화된 기관을 가지고 있지 않다. 그들의 입 모양은 얕고 노출된 밀원을 지닌 꽃에서 꽃가루를 먹거나 꿀을 먹을 수 있게 되어 있다. 물론 모든 식물이 그렇게 꽃을 피우지는 않는다. 어떤 식물이 어떤 익충을 유인하는 데 적합한가에 관한 연구와 조사는 많이 있었고, 앞으로도 계속 이루어져야 한다. 이런 연구는 우리에게 실용적인 좋은 정보들을 많이 제공하는데, 어떤 동반식물 관계가 해충의 수를 줄이는 데 유용할지 결정하는 데 적절히 활용할 수 있다.

특정 동반식물 관계를 텃밭에 적용하는 것과 함께, 가능하면 천적이 많이 살도록 하는 일반적인 접근이 중요하다. 일반적으로 채소와 열매 작물을 먹는 해충은 매우 다양하기 때문에 텃밭의 피해를 막으려면 익충이 좋아하는 식물들을 해충이 퍼져 있는 곳 주변 뿐만이 아니라 텃밭 곳곳에 배치해 두어야 한다. 텃밭의 식물이 다양할수록 더 많은 익충이 살 수 있으며, 다양한 경관은 시간이 지날수록 점점 더 안정적인 환경이 될 것이고, 그에 따라 해충의 발생도 더 줄어들 것이다. 결국 꽃이 피는 허브, 1년생·다년생 식물을 채소밭 옆에 심어, 이들이 모두 어우러진 정주체계를 만들어 내는 것이다. 여기에 소개되는 동반식물 기법은 특정 동반관계에 초점을 맞추고 있는데, 나의 다른 책[2]을 보면 더욱 상세한 실천 방법들을 알 수 있다.

이어지는 동반식물 관계에 대한 내용은 다양한 익충에게 꽃가루와 꿀을 제공하여 생물학적 조절이 이루어지도록 설계하는 것이다. 해충을 먹는 대부분의 익충은 생애주기의 특정 시점에 식물 기반의 먹을거리가 있어야 하는데, 그들이 손쉽게 먹이로 찾을 수 있는 적절한 식물이 제때 그곳에 있어야 한다.

그럼에도 여기에 제시한 것들은 이전 장에서 소개한 것들에 비하면, 여전히 매우 광범위한 편이다. 익충에게 먹이를 제공하도록 선정된 식물은 특정한 한 곤충에게만 유익한 것이 아니라 다른 많은 종에게도 그렇기 때문이다. 따라서 한 동반식물이 다른 무엇과 잘 어울린다는 것을 개괄하는 대신, 익충의 먹을거리로 필요한 식물과 목표가 되는 해충을 짝짓는 방식을 소개한다. 읽어 보면 그 의미를 알게 될 것이다.

담배박각시나방 애벌레가 코테시아기생말벌의 숙주가 되었고, 그 애벌레들이 용화(번데기화)하면서 몸을 뚫고 고치를 만들었다.

상추와 기타 잎채소들 + 딜과 회향 진딧물

북미에만 수백 종의 진딧물이 있다. 어떤 진딧물은 기주식물을 특정한다. 한 종류의 식물 또는 식물군만을 먹이로 삼는다는 뜻이다. 대부분의 다른 진딧물은 관대한 식습관을 가지고 있는 편이다. 한 예로 복숭아나무에 있는 진딧물은 금관화속milkweed[3]식물을 공격하거나 가문비나무에서 즙을 빨아 먹는 놈들과는 다른 종이다. 하지만 모든 진딧물은 엄청나게 다양한 익충의 공통된 먹잇감이다. 그런 익충들로는 작은 기생말벌, 무당벌레, 풀잠자리, 거미, 병대벌레soldier beetle, 꽃등에, 으뜸애꽃노린재minute pirate bug, 쐐기노린재damsel bug 등이 있다.

어떤 종류의 노린재를 다루든, 그들이 어떤 작물을 공격하든 간에 상관없이 당근류산형과, *Apiaceae*에 속하는 작물들, 가령 딜, 고수, 안젤리카, 골든 알렉산더, 회향을 심으면 많은 포식곤충을 불러들일 수 있다. 이 식물들의 꽃은 수천 개의 자그마한 꽃이 우산 모양 꽃차례로 모여 있다. 이 작은 꽃들은 각각 얕고 노출된 꿀샘을 가지고 있어 위에 소개한 진딧물을 먹는 익충들에게 완벽하게 알맞다. 진딧물을 자연적인 방법으로 제어하려면, 이 당근류의 작물들을 여기저기 흩어서 심어라. 5장에서 본 것처럼 향이 있는 허브를 섞어 심으면, 날아다니는 해충들로부터 기주식물을 '감추는' 효과를 추가로 얻을 수 있다.

산형과식물들은 많은 익충을 불러 모으기 때문에 다른 작물들과 함께 특정 해충을 조절하는 작물로 활용할 수 있다. 이런 범주에 잘 맞는 몇 가지 추가적인 동반식물 전략을 소개한다.

- 고수와 양배추 함께 심기: 진딧물
- 딜과 십자화과식물 함께 심기: 배추벌레
- 딜 또는 고수와 가지 함께 심기: 콜로라도감자잎벌레(더 상세한 내용은 다음 절 참조)

잎채소(가령 케일)와 당근류에 속하는 식물(산형과 식물)을 섞어 심는 것은 진딧물을 잡아먹는 익충을 도와 진딧물 피해를 줄인다.

익충을 유인하여 진딧물을 없애려면, 회향과 다른 산형과식물을 상추 근처에 심어라.

가지 + 딜 또는 고수 콜로라도감자잎벌레

콜로라도감자잎벌레가 있는 가지밭에서 이루어진 연구에 따르면, 가지 이랑과 한 줄씩 번갈아서 꽃이 피는 딜과 고수 Coriandrum sativum 이랑을 만들면 콜로라도감자잎벌레를 포식하는 곤충들의 수가 급격히 늘어났다고 한다. 이렇게 섞어 심은 곳에서는 꽃이 없는 대조군을 심은 곳과 비교했을 때 충해가 훨씬 적게 나타났다.

이 연구에서 딜과 고수는 가지에 바로 인접하여 재배한 것이 아니라 떨어진 곳에 줄로 심어 재배되었다. 가지를 긴 줄로 많이 심는 것이 아니라 몇 포기만 심는 경우라면, 가까이에 딜과 고수를 심는 것만으로 콜로라도감자잎벌레를 주시할 포식곤충을 충분히 유인할 수 있을 것이다.

가지와 함께 심은 딜이 꽃을 피우면, 콜로라도감자잎벌레가 줄어든다. 이는 딜 꽃망울이 꿀과 꽃가루를 먹는 포식곤충을 유인하기 때문이다.

생물학적 조절

십자화과식물 + 풀기다루드베키아와 코스모스   진딧물

나는 동반식물 전략에 기초한 어느 연구에 풀기다루드베키아와 코스모스의 조합을 제안했는데, 사실 국화과 아스테르속 Aster A에 속하는 모든 식물은 비슷한 결과를 만들어 낼 것이다. 아스테르속식물(큰금계국, 서양톱풀, 해바라기, 샤스타데이지, 백일홍, 개미취 등)과 십자화과식물을 함께 심으면 진딧물의 출현이 줄어든다. 아스테르속식물들이 진딧물로 성찬을 하는 많은 익충을 지원하기 때문이다. 아스테르속식물은 많은 미세한 꽃으로 구성된 중심화두상화, disc flower가 우리가 꽃잎이라 부르는 화판 petal에 둘러싸여 있다는 특징이 있다. 해바라기는 보기에는 하나의 큰 꽃이지만, 실은 수천 개의 작은 꽃들이 모여 하나의 중심판을 이룬 것이다. 이제 짐작이 가겠지만, 그 작은 꽃들은 각각 꽃가루와 꿀을 제공하는데, 많은 수분 매개체와 다른 익충들에게 아주 적당한 크기이기도 하다.

텃밭에 아스테르속식물들과 양배추, 브로콜리, 콜리플라워, 케일 등의 십자화과식물을 함께 심으면, 생물학적 조절이 강화되고 진딧물의 개체 수가 계속 억제될 것이다.

성상화류의 식물(가령 코스모스)은 십자화과식물과 훌륭한 동반관계를 형성한다. 진딧물을 포식하는 많은 익충에게 밀원이 되기 때문이다.

각종 채소 + 당근류와 민트류 애벌레류의 해충

앞의 두 동반식물 전략과 같은 계열인데, 이는 채소에 피해를 주는 여러 종의 해충을 숙주로 애벌레를 키우는 몇 가지 기생말벌을 유인하는 식물을 활용하는 것이다. 딜, 고수, 캐러웨이, 아니스, 회향 등을 포함하는 당근류산형과식물의 꽃, 허브와 살비아세이지, 꽃박하marjoram, 오레가노, 레몬밤, 로즈마리, 타임 같은 민트류, 이 두 부류는 기생말벌에 꿀을 제공하여 그들을 불러 모은다. 토마토박각시나방 애벌레, 회색담배나방 애벌레tomato fruitworm, 배추좀나방 애벌레diamond back moth caterpillar 등과 같은 해충을 억제하고 싶다면, 채소 가까이 이 허브들을 모아 심어라. 대부분의 기생말벌은 숙주가 정해져 있다. 이는 하나의 곤충 종이나 속을 집이나 새끼를 먹일 대상으로 삼는다는 뜻이다. 하지만 어떤 곤충을 숙주로 삼든 모든 기생말벌 어른벌레는 꿀로 에너지를 얻는다. 때가 되면, 암컷 기생말벌은 그 숙주에 침을 꽂아 알을 낳을 것이다. 깨어난 애벌레는 숙주를 먹고, 어른벌레가 되기 위해 번데기가 되면 그 숙주는 곧 죽는다.

고수의 작은 꽃은 기생말벌에게 꿀과 꽃가루를 제공하여 그들이 텃밭·정원의 수많은 애벌레류를 조절할 수 있게 한다.

상추 혹은 포도 + 알리섬   진딧물

많은 연구에서 1년생 화초인 알리섬*Lobularia maritima*을 생물학적 조절을 위한 동반식물로 실험했다. 그 결과 알리섬이 진딧물을 먹이 삼는 꽃등에와 기생말벌에게 밀원을 제공하는 전형적인 식물이라는 사실이 밝혀졌다. 기생말벌 어른벌레와 꽃등에(공중정지파리hover fly, 꽃파리flower fly라고도 불린다)는 꽃가루와 꿀을 먹으며, 포식성을 지닌 것은 그 애벌레다. 꽃등에 암컷은 진딧물이 많이 있는 식물에 알을 낳는다. 알에서 깨어난 작은 구더기 모습의 애벌레들은 식물을 배회하면서 진딧물을 포식한다.

진딧물을 목표로 삼는 기생말벌류(aphidius wasp이라고 통칭한다)는 애벌레의 집과 먹이로 활용한다는 점에서는 다른 부류와 같지만, 진딧물 한 마리에 알 하나를 산란한다는 점이 다르다. 그 애벌레는 번데기가 되기 전까지의 모든 단계를 진딧물 속에서 보낸다. 상추와 포도는 모두 진딧물에 매우 취약한데, 캘리포니아의 농부들은 그 농장에 알리섬 몇 줄을 섞어 심어 생물학적 조절을 강화해 왔다. 텃밭에서도 틀밭의 채소들 가장자리에 알리섬을 심어 주면 유사한 결과를 얻을 수 있을 것이다. 키 큰 채소들 아래에 알리섬을 살아 있는 카펫처럼 깔아 주면 진딧물의 생물학적 조절에 많은 도움이 될 것이다.

알리섬은 상추와 훌륭한 동반관계를 형성다. 알리섬은 진딧물을 숙주로 삼는 많은 기생말벌에게 밀원을 제공하고, 꽃등에에게도 좋은 밀원이 된다.

생물학적 조절

7장

십자화과식물 + 레이시 파켈리아   양배추 진딧물과 다른 해충

레이시 파켈리아lacy phacelia[5]는 북미가 원산지인 1년생 야생화로, 여러 목적으로 재배된다. 매우 빠르게 자라 종종 녹비로도 활용되는데, 벌과 다른 익충들의 밀원이다. 레이시 파켈리아의 꽃은 펼친 나선형으로 배열되어 있고, 꽃등에, 몇몇 기생말벌, 기생파리포식기생충, tachinid fly 등이 밀원에 접근하기 아주 좋은 모양새를 하고 있다. 결과적으로 레이시 파켈리아가 자라는 곳에서는 이런 포식충의 개체 수가 많아지게 되고, 십자화과식물의 양배추 진딧물이 줄어드는 효과가 있다.

레이시 파켈리아는 십자화과식물을 좋아하는 해충을 잡아먹는 가시 달린 병대벌레, 으뜸애꽃노린재 같은 포식곤충에게 탁월한 안식처를 제공해 준다. 레이시 파켈리아는 직파하여 키울 수 있지만, 씨앗을 퍼뜨리면 문제가 될 수도 있다는 점을 알아야 한다. 좋은 벌레들에게 꽃가루와 꿀을 제공해 줄 만큼 충분히 길게 꽃을 피워야 하지만, 씨앗을 퍼뜨릴 때까지 길게 있어서는 안 되기 때문에 그 사이에서 균형을 잡아야 한다. 좋은 방법은 가장 먼저 핀 꽃을 주시하다가 그 꽃이 꽃받침을 떨굴 때 전체를 예초해 주는 것이다.

레이시 파켈리아는 텃밭 해충을 먹이로 삼는 포식곤충을 끌어들인다.

여러 작물 + 크림슨클로버　총채벌레류

총채벌레류는 아보카도, 선인장 열매, 토마토, 고추, 라즈베리 등과 같은 여러 과일과 채소에 문제를 일으키는 해충이다. 작고 길쭉하게 생겼으며, 식물의 즙을 빨아 먹고 산다. 이 벌레들은 식물의 성장을 방해하고 잎과 과일에 회색 그물 모양의 흠집을 남겨 피해를 입힌다. 종종 잎에서 검은 주근깨 같은 배설물 흔적을 볼 수도 있다. 총채벌레류는 잘 보이지 않아서 발견하여 관리하기가 쉽지 않다. 감염이 의심되는 식물 아래에 흰 종이를 펴 두고 식물을 흔들면, 종이 위에 떨어진 길쭉한 곤충을 볼 수 있을 것이다. 다행스럽게도 총채벌레는 풀잠자리, 진드기, 같은 종의 총채벌레(동종을 식충하는 종) 등 천적이 아주 많은데, 그중 최고는 으뜸애꽃노린재minute pirate bug, *Orius* spp.다.

이 작은 포식충 한 마리면 총채벌레 개체 수에 큰 타격을 줄 수 있는데, 크림슨클로버는 포식자에게 좋은 안식처를 제공한다. 크림슨클로버는 이 천적에게 안식처와 함께 밀원을 제공해 준다. 또 풀잠자리나 기생말벌 같은 다른 포식자에게도 좋은 역할을 한다. 총채벌레에 취약한 작물과 크림슨클로버를 섞어 심는데, 사이사이에 심어도 되고 주 작물 아래에 생멀치 식물로 심어도 된다.

으뜸애꽃노린재는 총채벌레를 먹이로 삼는다.

안식처를 제공하는 동반식물

익충에게 먹잇감(해충)이나, 꽃가루와 꿀의 형태로 먹을거리를 제공하는 것 못지않게 안식처를 제공해 주는 것도 중요하다. 비바람을 막아 줄 피난처, 먹이사슬 상위층 포식자로부터 보호해 줄 은신처, 산란처, 텅 빈 줄기 속이나 잔여물 아래처럼 겨울 추위에 웅크릴 수 있게 해 주는 월동 서식지, 그것이 무엇이든 간에 식물은 익충들에게 음식만큼이나 필수적인 안식처를 조성해 준다. 월동 서식지는 특히 중요하다. 월동한 익충들이 초기 해충들의 활동을 직접 억제해 주기 때문이다. 안식처를 제공하는 식물은 겨울 동안 그대로 두었다가, 온도가 10도 이상 지속적으로 유지되어 익충들이 해충을 찾아 텃밭을 배회하기 시작할 즈음인 봄에 잘라 주는 것이 좋다.

브로콜리 + 크림슨클로버
포식성 거미 유인하기

거미는 곤충으로 분류되지 않지만, 텃밭에서 가장 많이 볼 수 있는 해충을 먹는 생물이다. 주로 거미줄을 치는 거미들을 보았겠지만, 거미줄을 치지 않아서 발견하기 어려운 거미 종도 많다. 이들은 거미줄을 치는 대신 땅이나 식물 위를 기어 다니며 다음 먹이로 삼을 곤충을 찾아다닌다. 이 사냥 거미는 달리기에 적합한 다리를 가지고 있으

늑대거미는 일반적인 해충을 먹이로 삼고, 빽빽한 잎 사이에 은신한다.

며, 대부분이 야행성이다. 한밤중에 손전등을 들고 텃밭으로 나가 보라. 거미가 놀라서 도망가지 않는다면 배추벌레, 아스파라거스 잎벌레, 얼룩무당벌레 애벌레 등을 먹어 치우는 모습을 몰래 볼 수 있을 것이다.

이 특별한 동반관계에 대한 연구는 대체로 브로콜리를 재배하면서 거미(두툼하고 밀도가 높은 풀밭에 숨는 것을 좋아한다)의 안식처가 되도록 크림슨클로버를 함께 심은 곳에서 이루어졌지만, 다른 십자화과식물에도 적용될 수 있다. 브로콜리 이랑에 번갈아 크림슨클로버를 키우거나 브로콜리밭 여기저기에 씨앗을 뿌려 효과를 극대화할 수 있다.

상추 + 다발풀 bunch grass 딱정벌레 ground beetle[6] 유인하기

매우 많이 연구된 동반식물 기법 중 하나는 영국과 호주의 농부들이 오래전부터 활용한 딱정벌레 둔덕 만들기다. 볏과식물인 토종 다발풀을 땅을 뒤덮을 정도로 빽빽하게 심어 긴 둔덕을 조성하는 것이다(이 풀들은 퍼져 나가기보다 장식술 모양으로 뭉쳐서 자라는 습성이 있다. 스위치그라스, 사초류 carex, 쇠풀 등이 해당된다). 주 작물 이랑과 딱정벌레 둔덕을 번갈아 조성하면 되는데, 작물을 심은 서너 개의 이랑마다 하나의 딱정벌레 둔덕을 배치하는 것이 일반적이다. 토종 다발풀로 해충을 먹는 딱정벌레 안식처를 만들어 주는 것이 바람직하며, 이런 곳을 이용하는 딱정벌레는 수백 가지 종이 있다.

오리건주립대학교의 연구진들은 딱정벌레 둔덕에 관한 실험을 진행했는데, 집 주변 텃밭에도 규모가 작더라도 둔덕을 만드는 것을 권장했다. 딱정벌레 범프 bump라고도 불리는 둥그렇게 올려 쌓은 흙더미를 텃밭 가운데나 가장자리에 만들고 토종 다발풀을 심으면 된다. 45센티미터 정도의 높이로 흙을 쌓고, 지름은 최소 약 120센티미터 가량의 크기로 만든다. 그리고 서너 종류의 다발풀을 아주 가까이 심으면 된다. 풀들이 자리 잡을 때까지 물을 주고 일년에 한 번 정도, 늦가을 씨를 맺은 후에는 15센티미터 정도 높이로 예초해 주면 된다. 잘라 낸 잔여물은 남겨 두어서 겨울 동안 딱정벌레의 월동지가 되게 한다. 딱정벌레 범프에 거주하는 딱정벌레는 달팽이, 민달팽이, 각종 애벌레 등을 먹이로 삼는데, 낮에는 빽빽한 다발풀 줄기 사이에 숨어 있다가 밤이 되면 텃밭으로 나와 먹이 활동을 한다.

딱정벌레는 달팽이, 민달팽이, 해충 애벌레 등 많은 종의 해충을 잡아 먹는다.

딱정벌레 둔덕과 범프는 여러 해에 걸쳐 지속적으로 효과가 있는데, 특히 상추밭 근처에서 더욱 유용하다는 사실이 밝혀졌다. 작은 크기의 딱정벌레는 상추의 진딧물을 잡아먹고, 큰 녀석들은 민달팽이나 달팽이를 선호한다.

이 사진의 딱정벌레 범프는 텃밭의 규모에 맞춘 작은 딱정벌레 둔덕이다. 작물의 이랑 사이에 있는 다발풀 숲에는 해충을 포식하는 딱정벌레가 깃들여 산다.

작은 키 식물 땅에 사는 익충들을 유인하기

특정 식물을 언급하지는 않겠지만, 이 동반관계는 채소밭에서 특히 유용하다. 해충을 먹는 다수의 익충은 키 작은 풀들의 치맛자락에서 은신하는데 어떤 녀석은 낮에, 어떤 녀석은 밤에 숨어 있다. 다리 긴 거미, 큰딱부리긴노린재big-eyed bug, 딱정벌레, 으뜸애꽃노린재 등과 같은 천적은 키 작은 허브, 지피식물, 다년생 풀이 숲을 이루는 곳을 은신처로 삼는다. 작고 넓게 퍼지면서 자라는 1년생·다년생 풀, 지피식물 등을 텃밭 여기저기에 흩어 심으면 그런 서식 환경이 쉽게 만들어진다. 오레가노, 알리섬, 젬마리골드, 타라곤, 암석알리섬basket-of-gold, 타임 등 땅을 기면서 자라는 식물들은 모두 아주 적절한 선택이 될 수 있다.

낮게 자라며 꽃을 피우는 식물(가령 오레가노)은 땅에 사는 익충들에게 좋은 안식처가 된다.

속 빈 줄기의 다년생 풀   월동 서식지

여기서 일대일로 특정 식물의 동반관계를 언급하지는 않겠지만, 속 빈 줄기를 가진 식물들을 텃밭이나 초지에 심는 것은 생물학적 조절을 위한 훌륭한 동반식물 활용법이다. 텃밭에 도움이 되는 다수의 익충은 겨울 몇 달간 지낼 안식처가 있어야 한다. 그곳에서 동면에 가까운 휴식기를 갖기 때문이다. 줄기 속이 빈 다년생 식물로는 모나르다속식물 Monarda, bee balm, 풀협죽도속식물 phlox, 하늘바라기 Heliopsis 등이 있는데, 늦가을 추위에 텅 빈 줄기 안으로 기어들 수 있어, 익충들이 선호하는 안식처가 된다. 속이 완전히 비어 있지 않더라도, 어떤 익충들(그리고 토종 수분 매개충들)은 쉽게 줄기 안쪽으로 파고들어 비바람과 다른 포식자들을 피한다.

이 다년생 풀들을 가을에 잘라서 긁어내지 않는다. 기온이 10~15도 정도로 안정적으로 올라가는 봄에 곤충들이 출현한 다음 청소해 주면 된다.

다년생 식물과 관상용 풀의 잔여물을 겨우내 그대로 두어라. 보기에 아름다울 뿐만 아니라 많은 종의 수분 매개체와 기타 유익한 곤충의 월동 장소 역할을 한다.

복잡한 관계

많은 연구가 생물학적 조절을 위한 동반식물 기법이 해충을 줄이는 데 도움이 된다는 사실을 밝혀냈지만, 이는 통상 다른 많은 요소의 영향을 받는다. 각각의 곤충들은 특화 정도에 따라 특정 식물에 다른 식으로 반응하기 때문에 이 동반식물 전략은 다면적이면서도 매력적이다. 곤충과 식물 사이의 복잡하고 다양한 관계는 아직도 배워야 할 것이 많다. 해충의 발현과 동반식물 개화의 동시성부터 천적의 이동 거리, 그리고 텃밭의 복잡하고 다양한 환경 속에서 포식자가 먹이를 얼마나 쉽게 찾는가에 이르기까지, 모든 것이 이 전략의 성패에 영향을 미친다. 그래도 여전히, 생물학적 조절을 강화하기 위한 동반식물 활용이 해충의 수를 조절하는 효과적인 방법이라는 점에는 의심의 여지가 없다.

광대파리매가 배추벌레 어른벌레를 포식하고 있다.

블루베리, 엘더베리, 감탕나무처럼 열매가 달리는 관목은 매우 특별한 울타리용 식물이다.

영구적으로 울창한 관목을 밀식해 만든 생울타리

5장에서 해충의 이동을 막는 생울타리를 살펴보았는데, 생울타리 조성은 생물학적 조절의 또 다른 수단이다. 생울타리는 가지가 많은 관목을 밀식해 만든다. 다년생 허브류도 포함할 수 있다. 좋은 벌레의 안식처를 제공하는 생울타리에 관한 연구는 많이 이루어졌다. 텃밭이나 농토 주변에 생울타리가 만들어지면, 다양한 익충들에게 좋은 안식처이자 월동 서식지가 되어 준다. 만약 생울타리에 꽃 피는 식물이 포함되어 있으면, 꿀과 꽃가루를 제공하는 근거지가 되기도 한다.

데이비스에 있는 캘리포니아대학교에서는 익충들이 생울타리로부터 얼마나 멀리 이동하는지에 관해 연구했다. 대부분이 24미터 이상 이동하는 것으로 조사되었고, 이는 생울타리와 텃밭이 다소 떨어져 있어도 익충들이 충분히 활동할 수 있다는 사실을 의미한다.

생울타리에는 토착식물을 활용하는 것이 이상적이다. 만약 열매 맺는 식물들(가막살나무(분꽃나무), 엘더베리, 블루베리, 감탕나무, 작살나무)을 심게 되면, 생물학적 조절을 도울 뿐만 아니라 새와 다른 야생동물에게도 먹을거리를 제공하는 셈이다.

1 나나니벌, 구멍벌, 호리병벌 등 다른 곤충에 기생하는 습성을 지닌 벌의 총칭이다.
2 《텃밭·정원으로 익충 유인하기 Attracting Beneficial Bugs to Your Garden》, 국내 미발행.
3 유액을 분비하는 식물의 총칭.
4 의미상으로는 별 모양의 꽃(성상화)을 뜻하는데, 한국의 식물 분류에 따르면 쑥부쟁이속이다. 편의상 아스테르속 또는 성상화류라 번역했다.
5 *Phacelia tanacetiflia*, *P. integrifolia* 등 여러 종이 있는데 흰색 또는 푸른 색의 꽃을 피우는 1년생 풀이다.
6 비교적 큰 육식 딱정벌레를 통칭한다.

8
수분
Pollination

식물과 수분 매개 곤충의
완벽한 짝짓기로 텃밭에
더 많은 수분 매개 곤충
불러들이기

수분 매개 곤충으로는 유럽 꿀벌이 가장 흔하지만, 꿀벌의 종류는 엄청나게 많다. 북미에만 4000종이 넘는 토종 꿀벌이 존재하고, 어떤 종은 이 글자만큼 작기도 하고, 다른 것들은 훨씬 더 크기도 하다.

이런 다양한 수분 매개 곤충들의 가치는 부인할 수 없다. 매년 북미에서만 200억 달러 가치의 과일이 이 작은 곤충의 도움으로 열매를 맺는데, 이는 집에서 직접 길러서 먹는 과일은 포함하지도 않은 수치다. 대규모의 상업적 작물들은 트럭에 실려 전국으로 이동하는 어마어마한 유럽 꿀벌 군집의 도움으로 꽃가루받이가 된다. 기생충이나 살충제 등이 원인이 되어 꿀벌 개체 수가 격감하고 군집이 붕괴되자 colony collapse disorder, 그에 따른 결과로 수분이 잘 이루어지지 않으면서 토종 벌 육성에 대한 관심이 높아지고 그 중요성도 널리 알려지게 되었다.

왜 토종 벌을
응원하는가?

우리 토종 벌들은 아직 군집 붕괴 현상을 겪고 있지는 않지만, 도입종인 유럽 꿀벌을 포위한 다른 위험, 이름하여 밀원, 안락한 보금자리, 그리고 월동 서식지의 손실 등은 여러 종의 토종 벌에게 이미 심각한 위협이 되고 있다. 유럽 꿀벌과 달리 토종 벌은 보호막을 가진 벌통에서 다른 동료와 함께 겨울을 나지도 않으며, 군집 안에서 번식을 하지도 않는다. 대신 암벌은 텅 빈 줄기나 땅속의 구멍에 작은 육아실을 만들고, 몇 개의 알만 낳는다. 물론 호박벌 같은 벌은 수십 마리 정도로 작은 규모의 군집을 이루지만, 토종 벌 대부분은 독립적이다.

토종 벌은 유럽 꿀벌보다 더 효율적인 수분 매개 곤충으로, 우리가 현명하다면 텃밭과 정원에서 토종 벌의 활동을 장려해야 한다. 머리뿔가위벌메이슨벌 암컷 60여 마리면 1000제곱미터 규모의 밭에 심은 사과나무의 수분을 전부 맡을 수 있는데, 이는 무려 4000~5000마리의 유럽 꿀벌이 해내는 작업량과 같다. 꿀벌과 달리 토종 벌 대부분은 춥고 축축한 조건에서도 활동하고, 훨씬 넓은 지역으로 먹이 사냥을 다닌다. 대부분의 토종 벌은 유순하고 쏘지 않는다. 그들은 채굴, 땅파기, 해바라기, 메이슨진흙집, 잎자르기, 목수, 짓누르기 등의 이름을 가진 다양한 작업공인 셈이다. 대체로 묘사하기는 어렵지만, 어떤 종은 밝은 색상이나 줄무늬를 지닌, 그 자체로 우아한 존재다.

수분 매개체의 전체 개체 수가 감소하면, 농부들은 큰 대가를 치르게 된다. 크랜베리·스쿼시·호박 재배자, 감귤·사과 과수원 등 형태나 규모에 상관없이 어떤 농장이든 모두 수분 관련 문제로 고통받고 있다. 텃밭을 가꾸는 경우에도 대학 관계자, 온라인 농원 관련 포럼, 농원지도자 그룹 등에 수분 부족에 관한

토종 벌 한 마리가 블루베리꽃을 빨고 있다.

수분

가위벌이 풀기다루드베키아에서 먹이 활동을 하고 있다.

과수원 뿔가위벌blue orchard bee이 블랙베리꽃에서 꿀을 먹고 있다.

유럽 꿀벌은 여러 식물에서 꿀을 채집한다.

충분히 수정되지 않아 끝이 잘록해진 오이.

문제들을 지속적으로 보고하고 있다. 끝이 잘록한 오이, 엄지손가락만 한 애호박, 찌그러진 사과, 자그마한 블루베리 등이 모두 수분 불량의 징후다.

텃밭을 가꾸는 농부·정원사는 우리 집 바로 앞에 살고 있는 많은 종류의 토종 벌을 지원하는 데 중대한 역할을 하고 있다. 럿거스대학교의 연구자들은 대규모 농장에서 토종 벌이 전체 수분 관련 분야의 최소 25퍼센트를 담당하고 있다는 사실을 발견했다. 작은 규모의 농장은 토종 벌들이 좋아할 만한 안식처를 더 많이 가지고 있어, 어쩌면 훨씬 더 높은 비율로 토종 벌이 수분과 관련된 일을 해낸다고 볼 수 있다. 특히 최근 유럽 꿀벌의 활동이 줄어, 토종 벌에 대한 수분 의존도는 더 높을 수도 있다. 어쨌든 작은 텃밭을 가꾸는 농부들은 어떤 방식으로든 토종 벌을 장려하는 데 일조하고 있다.

말 그대로 토종 벌의 다양성은 인상적이며, 각각의 특화 정도는 경외심을 불러일으킬 정도다. 어떤 토종 벌은 한 식물 종만 수분한다. 대부분은 일반적인 식습관을 나타내 다양한 식물로부터 꽃가루와 꿀을 얻는다. 수분율을 높이기 위해 어떤 식물을 재배하는 것이 좋을지 결정하는 일은 매우 어려운데, 이는 그곳에 어떤 종의 벌들이 살고 있는지, 또 그들이 무엇을 먹고 어떤 안식처를 찾는지에 따라 모두 다를 수 있기 때문이다.

텃밭에서 수분에 적당한 벌 종류를 어떻게 찾아 지원하고 육성할 것인가? 살충제를 쓰지 않고, 그들에게 적당한 안식처(나중에 더 다루겠다)를 제공하는 것만으로도 동반식물처럼 충분히 큰 역할을 할 수 있다. 그렇다. 다른 수분 매개체를 지원하기 위해 의도적으로 동반식물을 키우는 것 자체가 많은 텃밭 채소의 수분을 돕는 일이다.

수분을 개선하기 위한 동반식물

여기에 텃밭 재배에 쉽게 적용할 수 있는 여섯 가지 식물·수분 매개체 동반관계 기법을 소개한다. 그 기법은 대체로 특정 작물 그룹에 맞추어 정리되어 있지만, 그 관계는 텃밭 전체에 이롭다. 수분 매개체가 더 다양하고 풍성할수록 수분 성공률은 높아질 것이다. 또 다른 인간 활동 때문에 빼앗긴 먹이와 안식처를 제공하는 일은 이 곤충들에게 꼭 필요한 도움이 될 수 있다.

이제 여섯 가지 특별한 동반관계를 살펴보자. 수분이 필요한 작물과 그 일을 수행하기에 가장 적합한 토종 벌의 짝을 말이다.

토마토, 고추, 가지 + 크거나 후드 모양hooded의 꽃 호박벌bumble bee

호박벌Bombus spp.은 아주 큰 작물들을 찾아 다니며, 이른 봄부터 늦가을까지 활동하는 비교적 쉽게 알아볼 수 있는 꿀벌 집단이다. 그들은 블루베리, 호박, 해바라기 등 많은 채소와 자가수분을 하는 토마토, 고추, 가지 등의 작물 수분에 도움을 준다. 이들은 수십 마리의 작은 개체로 무리를 이루고, 굴에 둥지를 트는 사회성이 있는 벌이다. 대체로 크고, 북슬북슬하며, 때때로 노란색에 검은 줄무늬가 있다. 미국에만 50여 종의 호박벌이 살고 있다. 불행하게도 야생 개체군에게 유입된 여러 외래 질병 때문에 일부 호박벌의 수가 급격히 감소하고 있다.

호박벌은 가지·토마토·고추 같은 가지과작물의 수분에 큰 역할을 한다. 날개 근육을 매우 빠르게 떨며 꽃 깊숙이 들어 있는 꽃가루를 떨어뜨리기 때문이다(이를 진동수분buzz pollination이라 한다). 가지과작물은 자가수분하지만, 꽃가루방에서 꽃가루가 떨어지려면 흔들어 주어야 한다. 바람이나 농부가 가지를 스치는 것으로도 꽃가루가 흘러내릴 수 있지만, 호박벌이 나타나면 그 효과가 더

욱 커지고 더 많이 열매를 맺을 수 있다.

텃밭에 호박벌이 자주 드나들게 하려면, 먼저 꽃의 모양과 크기가 벌이 꽃을 선택하는 데 영향을 준다는 점을 알 필요가 있다. 호박벌은 큰 토종 벌 중 하나인데, 그들은 탄탄한 착지점이 있어야 꽃에 내려앉는다. 이 때문에 크고, 꽃잎 조각(낱낱의 조각으로 쪼개진 꽃잎을 열편lobe이라 한다)이 낮게 펼쳐져 있어야 바람직하다. 작은 벌들과 달리 호박벌은 그 무게로 꿀을 감추고 있는 꽃들을 터뜨려 열 수 있다. 사실 호박벌은 후드 모양의 꽃이 피는 식물, 금어초 snapdragon, 밥티시아baptisia, 투구꽃아코니툼, monkshood, 루핀류lupines, 그리고 많은 콩과식물(이들은 가지과식물처럼 자가수분한다)을 수분할 수 있는 유일한 벌 종류다. 호박벌은 긴 혀를 가지고 있어 후드 모양의 꽃, 모나르다속식물bee balm, 풀협죽도, 살비아배암차즈기속식물 등의 꽃으로부터 꿀을 딸 수 있는 몇 안 되는 곤충 중의 하나다.

후드 모양 꽃과 큰 '착지점'을 제공해 줄 작물을 가지, 토마토, 고추를 심은 텃밭에 함께 심는다면, 많은 개체 수의 호박벌을 볼 수 있을 것이다. 또 일찍 꽃 피우는 식물 종을 많이 심으면, 이른 봄 여왕 호박벌의 먹이가 되어 근처에 둥지를 만들게 할 수 있다. 그 자손들은 텃밭의 가지과식물들이 여름부터 내내 원활하게 수분할 수 있도록 해 줄 것이다.

호박벌이 가지꽃의 수분을 돕고 있다.

호박벌은 무거운 몸으로 완두나 콩 종류 작물의 닫힌 꽃을 터뜨려 열 수 있다.

블루베리 + 크림슨클로버   호박벌

미시간주에서 진행된 한 연구에서, 블루베리와 크림슨클로버를 혼식하면 블루베리의 수분율이 매우 높아진다는 사실을 밝혀냈다. 메인주의 또 다른 연구 중에는 블루베리밭 주변에 꽃가루와 꿀이 풍부한 식물을 밀식 재배하면, 토종 벌의 개체 수가 늘어나 수분율이 증가한다는 결과도 있었다.

블루베리밭에는 수입 외래종인 유럽 꿀벌이 일반적인 수분 매개체로 활용되었지만, 이 유럽 꿀벌들이 없었던 시절에는 토종 벌들이 그 역할을 했을 것이다. 다른 토종 벌도 그렇지만, 블루베리의 수분을 돕는 대표적인 두 토종 벌은 애꽃벌mining bee과 호박벌이다.

대부분의 블루베리 종은 더 크고 많은 열매를 얻으려면 교차 수분이 반드시 필요하다. 이런 꽃가루 교환은 전적으로 벌이 수행한다. 호박벌은 일반 꿀벌보다 네 배나 효율적으로 블루베리의 수정을 돕는데(바로 진동수분 때문이다), 동면에서 깬 여왕벌의 활동 시기와 블루베리의 개화 시기가 잘 맞아떨어지기도 한다. 이른 봄 블루베리가 개화할 무렵 꽃을 탐하는 호박벌을 본다면, 분명 근처의 낙엽 더미나 나무 그루터기에서 겨울을 난, 수태한 여왕벌일 것이다. 여왕벌은 먹이를 찾으면서 근처에 새로운 군집을 만들기 시작할 것이고, 블루베리는 그들에게 귀중한 초기 식량이 되어 준다.

크림슨클로버와 여타 꿀이 풍부한 식물은 블루베리의 수분을 돕는 곤충을 불러온다.

수분

호박 + 더 많은 호박   스쿼시벌

스쿼시벌squash bee, *Peponapis* spp.은 북미에만 약 13종이 있는 특이한 벌 종이다(프루이노사*P. pruinosa*라는 이름의 종은 미국에서 남부 캐나다까지 광범위하게 발견된다). 대부분 꿀벌 정도의 크기로 담갈색에 연한 줄무늬가 있으며 꿀벌과 놀라울 정도로 흡사하다. 그런데 꿀벌과 달리 스쿼시벌은 성장기 동안 벌집이 아니라 호박꽃 속에서 잠을 잔다. 늦은 밤 꽃잎이 닫힌 호박꽃을 열어 보았는데 잠자는 벌이 있다면, 그 녀석이 스쿼시벌의 수컷이다.

스쿼시벌은 스쿼시 집안의 작물(펌킨, 멜론, 스쿼시, 오이, 수박, 주키니, 박 등 박과식물)에 특화된 수분 매개체다. 물론 다른 종의 벌들도 그 역할을 한다. 미국 농무부의 조사에 따르면, 조사 대상 호박밭의 전체 80퍼센트 이상의 수분을 프루이노사라 불리는 스쿼시벌이 수행한다고 한다. 스쿼시벌은 태평양 북서해안을 제외한 호박류를 재배하는 대부분 지역에서 발견되는데, 작은 규모의 텃밭에서는 많이 활동하지 않는다.

기이하게도 이 벌들은 호박류의 꽃가루와 꿀만 먹이로 삼기 때문에, 이들이 확실히 나타나게 하려면 더 많은 호박류 작물을 심는 방법밖에는 없다. 호박류 작물에는 아주 다양한 종류가 있는데, 대부분 식용할 수 있으므로 텃밭에 많이 심으면 요리에도 도움이 될 것이다. 공간 부족이 염려된다면, 덩굴을 뻗지 않는 품종을 선택하면 땅을 훨씬 적게 차지할 것이다. 공간을 절약하는 또 다른 방법은 덩굴시렁을 사용하는 것이다.

스쿼시벌은 땅속에 독립적인 둥지를 만든다. 종종 호박류 작물 바로 아래에 짓기도 하니, 땅을 갈아엎는 것은 그들의 산란실을 파괴하는 일이 된다. 2장에서 다룬 것처럼 무경운 재배가 그들의 안식처를 보전하는 일이다. 버지니아의 한 연구에 따르면, 경운하지 않고 재배한 호박밭에서는 땅을 갈아엎은 경우에 비해 세 배나 많은 스쿼시벌이 발견되었다. 실제로 경운을 하면 맨땅이나 식물이 듬성듬성한 토양의 땅속에 굴을 뚫어 둥지를 만드는 많은 토종 벌의 집을 파괴하게 된다. 땅속에 둥지를 만드는 종에는 호박벌, 폴리에스터벌,

애꽃벌, 디거벌digger bee, 알칼리벌alkali bee 등이 있다. 몇몇 토종 벌은 쏘기도 하지만, 대체로 순하고 공격적이지 않다. 이 목록에는 빠져 있지만 땅속에 둥지를 만드는 말벌류도 있는데, 이들은 매우 공격적이고 독침을 쏘니 건드리지 않는 것이 좋다.

스쿼시꽃 속에 꽃가루에 뒤덮인 스쿼시벌이 있다.

꽃 허브 + 1년생 풀   꼬마꽃벌

꼬마꽃벌sweat bee, *Halictus, Lasioglossum, Augochlora, Agapostemon* spp.은 6~13밀리미터의 매우 작은 수분 매개 곤충이다. 수백 종이 넘는 다양한 종류가 있는데, 어떤 곳에서는 매우 많이 활동하기도 한다. 어떤 녀석은 담갈색이고, 또 어떤 종은 금속빛의 화려한 색을 띠기도 한다. 모든 꼬마꽃벌류는 땅속에 집을 짓고 대부분 독립적이다.

꼬마꽃벌류는 엄청나게 많은 작물을 찾아다니는데 라즈베리, 수박, 딸기 등 수십 종의 과일과 작물의 수분에 관여한다. 작지만 텃밭에 큰 영향을 주기 때문에 중요한 토종 수분 매개 곤충으로 권장된다.

꼬마꽃벌은 식용작물의 수분에 도움을 줄 뿐만 아니라, 허브류나 관상용 화초의 꽃가루와 꿀도 좋아한다. 따라서 텃밭 주위에 많은 꽃이 있다면 더 많은 꼬마꽃벌들이 몰려들 것이다. 타임, 바질, 로즈마리, 오레가노, 마조람marjoram 등 민트류 식물을 많이 심어라. 필요보다 더 많이 심어도 여전히 작물을 풍성하게 수확할 수 있을 것이다. 텃밭 가장자리를 둘러 가능하면 토종 1년생이든 다년생이든 많이 심어라. 기생초tickseed, *Coreopsis* spp., 풀기다루드베키아black-eyed susan, *Rudbeckia* spp., 산박하mountain mint, *Pycnanthemum* spp., 데이지류ox eye, *Heliopsis* spp., 하늘바라기속식물*Helianthus* spp. 등은 꼬마꽃벌이 선호하는 종이다.

꽃가루에 뒤덮인 작은 꼬마꽃벌이 밝게 빛난다.

잎채소 또는 뿌리작물 + 코스모스, 해바라기, 데이지　작은 토종 벌류

토종 벌 중 작은 크기의 종들은 잎채소와 뿌리채소의 수분을 담당한다. 이런 채소에서 우리가 먹는 부위는 수분과 무관하다. 만약 당신이 자가채종하는 농부라면, 잘 여문 씨앗을 많이 확보할 수 있도록 텃밭에 수분 매개체가 많아야 할 것이다.

상추는 자가수분을 하기 때문에 꽃가루를 옮겨 주는 곤충은 필요 없지만, 수분 매개체의 존재 자체가 수분율을 높인다. 시금치, 비트, 근대는 풍매화여서 수분 매개체가 없어도 된다. 하지만 케일, 콜라드, 겨자, 양배추, 래디시, 파스닙, 루타베가노란순무, 당근 등 다른 채소는 수분 매개체가 있어야 열매를 맺는다. 이를 포함하여 타가수분하는 작물을 채종하려면, 많은 수분 매개 곤충이 주변에 있어야 한다.

물론 꿀벌도 수분을 돕지만, 토종 벌들이 훨씬 더 효율적으로 일한다. 텃밭에 더 많은 벌들이 살게 하고, 채종하려는 작물의 꽃가루와 꿀을 따라 다니게 하려면, 별 모양의 꽃성상화을 피우는 국화과식물을 주변에 많이 심어라. 데이지와 흡사한 꽃을 피우는 코스모스, 풀기다루드베키아, 해바라기, 멕시코해바라기tithonia 등과 다른 국화과식물을 심어 재배 기간 내내 작은 수분 매개 곤충들이 활발하게 활동하게 해야 한다.

해바라기를 포함한 성상화류는 다양한 토종 벌들의 밀원식물이고, 그 토종 벌들은 텃밭 작물의 수분 매개체가 된다.

화초류   과실수 수정을 위한 머리뿔가위벌, 애꽃벌

과실수나 열매가 달리는 관목의 수분을 매개하는 토종 벌에 관한 장기 연구가 많이 있었다. 연구에 따르면 과수원에서 꿀벌보다 야생 벌의 활동이 많다는 사실이 확인되었다. 관련 연구 중 뉴욕 코넬대학교의 한 연구에 따르면, 사과꽃이 필 무렵 채집된 벌의 종류가 거의 100종에 달했다. 지금도 진행 중인 많은 연구들은 과수원 내, 혹은 주변의 다른 식물 종이 수분 매개 곤충의 다양성과 개체 수에 어떤 영향을 미치는지 규명하려 노력하고 있다.

또 연구자들은 특히 토종 벌(개체 수와 종 다양성)이 과일 생산에 어떤 영향을 주는지 연구해 왔다. 연구에 따르면, 과수원의 과실수 대부분이 일찍 개화하기 때문에 활동을 일찍 시작하는 벌 종류가 매우 중요하다. 토종 벌이 과실수 수분을 잘 돕게 하려면, 이른 봄부터 가을까지 개화하여 먹이 공급원이 되는 다양한 식물들을 키워야 한다. 또 그곳에서 많은 벌이 겨울을 나고, 산란처를 만들 수 있어야 한다. 봄이 되어 과실수의 꽃이 피기 시작할 때 벌들이 그곳에 있어야 수분이 시작된다.

사과나무와 다른 과실수의 수분 매개체 중 으뜸인 머리뿔가위벌mason bee, *Osmia* spp.도 꿀벌에 비해 탁월한 수분 능력을 보여 준다. 북미에 150여 종류가 있는데, 그중 과수원뿔가위벌blue orchard mason bee, *O. lignaria*이 대표적이다. 머리뿔가위벌은 나무나 식물 줄기의 구멍을 집과 산란처로 이용한다. 이들은 이른 시기의 수분을 담당하기 때문에 중요하고, 여기저기 많이 있다. 다른 벌들이 뒷다리에 꽃가루를 붙이는 것과 달리 이 벌은 배에 붙여 나른다. 따라서 이 벌의 배가 다양한 색깔의 꽃가루로 뒤덮여 있는 것을 관찰할 수 있다. 머리뿔가위벌은 진흙이나 으깬 잎으로 산란실의 격벽을 만든다. 이 벌의 모습은 6~19밀리미터의 길이에 암청색을 띠며, 가끔 회색 털이 보이기도 한다. 또 어떤 종은 무지개같이 아롱거리는 청록색이다. 머리뿔가위벌은 나무에 매달도록 만들어진 종이관에 고치를 담은 형태로 상점에서 판매되고 있다.

만약 머리뿔가위벌을 구입한다면 같은 지역에서 기른 것을 구매해라. 다른

다양한 화분식물을 키우는 것은 과실수가 꽃을 피우기 시작할 때 토종 벌들이 활동할 수 있게 한다.

머리뿔가위벌의 둥지.

토종 벌은 광범위한 종류의 화초와 나무의 수분을 돕는다.

지역에서 이동하는 과정에서 원치 않는 유전적 특성이나 질병이 전파되기도 한다. 대신 동네 벌들이 차지할 수 있게 속 빈 가지나 줄기를 다발이나 묶음으로 만들어 여기저기 설치해 주는 것이 벌들에게 더 좋다.

애꽃벌mining bee, *Andrena* spp.은 체리, 자두, 복숭아 같은 과실수의 수분을 담당하는 벌 무리 중 하나다. 북미에만 400종이 넘게 있는데, 봄에 왕성하게 활동한다. 6~13밀리미터 정도의 크기에, 배 부분에 줄무늬가 없고 어두운 색조를 띤다. 독립적이지만 종종 다수의 암컷이 인접하여 집을 지어 군집을 이루기도 한다. 주로 노출된 모래땅을 선호한다.

과수원에 이런 토종 벌 종류가 많아지려면, 과실수와 짝을 이룰 수 있는 다양한 화초류 식물을 심어라. 그래서 이른 봄부터 가을까지 계속해서 꽃가루와 꿀이 넘치도록 하라.

장미과식물은 이른 봄 화분 식물로 적당하다.

- 뱀무속식물*Geum* spp.
- 채진목속식물serviceberry, *Amelanchier* spp.
- 양지꽃속식물shrubby cinquefoil, *Potentilla* spp.
- 들장미smooth rose, *Rosa blanda*
- 조팝나무속식물spirea, *Spiraea* spp.
- 향인가목sweet briar rose, *Rosa rubiginosa*

다른 조기 개화식물에는 다음과 같은 것들이 있다.

- 아메리칸배스우드american basswood, *Tilia americana*
- 블랙베리산딸기속식물, blackberry, *Rubus* spp.
- 서양민들레dandelion, *taraxacum officinale*

- 산국수나무속식물 ninebark, *Physocarpus* spp.
- 참꽃단풍 red maple, *Acer rubrum*
- 붉나무속식물 sumac, *Rhus* spp.
- 버드나무 willow, *Salix* spp.

늦여름이나 가을에 꽃을 피우고 꿀을 공급하는 식물에는 다음과 같은 것들이 있다.

- 미국쑥부쟁이속식물 국화과속식물, aster, *Symphyotrichum* spp.
- 자주천인국속식물 에키나시아, coneflower, *Echinacea* spp.
- 미역취속식물 goldenrod, *Solidago* spp.
- 금관화속식물 milkweed, *Asclepias* spp.
- 펜스테몬속식물 penstemon, *Penstemon* spp.
- 기생초속식물 tickseed, *Coreopsis* spp.

수분 매개 곤충을 위한 안식처 만들기

동반식물로 익충의 거주지를 만드는 것(257쪽 참조)처럼 수분 매개 곤충을 위해서도 동반식물을 이용할 수 있다. 북미에는 4000종에 가까운 야생 벌이 있고, 그중 1200종 정도가 땅속이 아니라 지상부의 관이나 터널에 둥지를 튼다. 물론 그런 관이나 터널을 사거나 만들어 줄 수도 있지만, 그런 인공적인 집은 기생충이나 병원균을 불러오고 새나 포식곤충으로부터 벌들이 더 많이 피해를 입게 한다는 증거가 많다.

대신 줄기의 속이 빈 식물, 엘더베리딱총나무속식물, elderberry, *Sambucus* spp., 네군도단풍box elder, *Acer negundo*, 나무딸기산딸기속, bramble, *Rubus* spp., 실피움속식물 cup plant, *Silphium* spp., 모나르다속식물bee balm, *Monarda* spp. 등이 작은 벌들이 깃들여 살 만한 식물이다. 물론 내가 의도적으로 동반식물의 범주에 넣으려 한 것이지만, 그들의 역할은 있는 그대로다. 줄기가 빈 이런 식물들을 텃밭이나 과수원에 동반식물로 심으면, 수분이 더 잘 되기 때문에 이는 내가 볼 때 명백한 동반관계이자 이득이 되는 일이다.

남아 있는 다른 벌들은 땅속에 굴을 만들어 안식처와 산란처로 삼는다. 정주 체계를 보전한다는 점에서 이들에게도 주의를 기울여야 한다.

땅속의 굴이나 지상부의 관을 이용하여 집을 짓는 벌들을 위한 몇 가지 방법을 소개한다.

- 텃밭 정리를 현명하게 하라. 가을에 다년생 풀이나 관상용 풀들을 자르지 말고 그대로 둔다. 봄이 오고 기온이 10도 이상이 되어 수분 매개 곤충들이 활동을 시작한 뒤에 정리하도록 한다.

- 자를 때는 15~30센티미터 정도 그루터기를 남겨 두라. 많은 구멍에 둥지를 만드는 벌들이 이 그루터기에 집을 지을 것이다.
- 살충제 사용을 중지하라. 종에 따라 차이가 있기는 하지만, 토종 벌의 꿀 사냥 범위는 15미터에서 1.6킬로미터에 이른다. 이웃과 지역사회도 여기에 동참할 수 있도록 설득한다.
- 위험하지 않다면 죽은 나무를 치우지 말라. 또 잔가지 더미와 돌무더기도 그대로 두라. 이곳도 좋은 둥지 후보지다.
- 나대지는 땅속에 집을 짓는 벌에게 꼭 필요한 환경이다. 모든 땅을 무엇인가로 덮으려고 하지 말라. 토양이 노출된 곳을 그냥 그대로 두라. 많은 토종 벌이 남쪽을 향하는 경사지에 둥지 만들기를 선호한다.
- 기존의 땅속 둥지를 보존하고 새로운 둥지를 짓게 하려면 경운하지 않아야 한다.

빈 줄기 속은 토종 벌에게 산란실이 되어 준다.

애꽃벌이 땅속에 조그만 둥지 공간을 만들고 있다.

다시 한번 다양성!

동반식물로 수분 활동을 개선하는 마지막 방법은 그저 재배하는 작물의 종류를 늘리는 것이다. 모든 종의 벌들을 보전하려면 사계절 내내 그들에게 먹을거리를 보장해야 한다. 폭넓게 다양한 과일과 채소를 재배하는 것은 해법의 하나다. 과일, 덤불딸기류, 고추류, 딸기류 등 다양한 작물을 재배하여 풍성한 밀원을 제공하는 꽃이 오래동안 피어 있을 수 있도록 하라. 여기에 다양한 화초류를 섞어 심으면 더욱 좋다. 그러면 직접 재배한 채소와 과일을 더 많이 맛볼 수 있을 것이다. 이제 여러분도 효율적인 동반식물 전략의 큰 부분이 특정 식물을 다른 식물과 단순히 짝짓는 것을 넘어, 텃밭의 전체적인 다양성을 높이는 것과 관련되어 있다는 사실을 확실히 알았을 것이다. 여러분이 동반식물을 충해 관리, 토양 개선, 수분 확장, 잡초와 병해 경감 등 무엇을 위해 활용하든, 총체적 다양성을 확대하는 것이 중요하다는 사실이 바로 이 책에서 강조하려는 주제다.

글을 맺으며
동반식물과 함께하는 여행

텃밭 가꾸기의 다양한 측면처럼, 동반식물 재배하기는 그야말로 하나의 여행이다. 이는 쿠키를 자르는 것처럼 문제를 '해결'하는 것이 아니다. 오히려 시도와 실패, 실험, 수많은 관찰과 기록으로 가득 찬 길과 같다. 어떤 곳에서는, 또 어떤 계절에는 잘 작동하다가도 또 다른 상황에서는 잘 되지 않는다는 사실을 받아들여야 하고, 지식과 융통성도 필요하다. 그러다 동반식물 기법이 텃밭의 다양성을 높이고, 공간의 안정성을 도모하는 것이며, 이 사실이 그 무엇보다 중요하다는 점을 인식하게 되는 순간, 눈으로 볼 수 있는 성공의 크기가 크든 작든 간에 오히려 얻는 것이 많다는 사실이 명확해질 것이다.

충해 조절, 토양 개선, 질병 억제라는 이름의 특정한 어떤 결과를 원했더라도, 동반식물 재배라는 여행은 그보다 많은 선물을 안겨 줄 것이다. 텃밭을 인위적인 환경이 아니라 하나의 생태계로 인식하는 것의 가치를 체험할 수 있을 것이다. 당신의 텃밭을 집으로 삼은 작은 생명들이 존재를 드러내는 모습을 보게 될 터인데, 이는 놀라운 생명의 그물이 작동하는 데 반드시 필요한, 가치를 매길 수 없는 하나의 톱니와 같다.

모든 식물과 동물의 정주처가 줄어들고 있는 세계에서 우리의 작은 텃밭·정원은 아주 작은 생명들, 물론 이런 상황을 만든 인간들보다 작지만 많은 면에서 훨씬 더 중요한 생명들에게 안전한 피난처를 제공해 준다. 여러분이 텃밭 안에서 인간과 인간 아닌 존재 모두에게 도움이 되는 균형을 이루기 위해 일하기 시작하면서, 여러분의 눈이 야생의 텃밭, 즉 다양한 동식물이 인정받고, 이해받으며, 인간 중심의 가치에 따른 역할이 아니라 그들 스스로의 역할 그대로 이루어지는 야생의 가치를 향해 활짝 열리기를 바란다.

텃밭은 본질적으로 경작이 이루어지는 인위적 환경이 틀림없지만, 여러분은 그 공간을 단순히 먹을거리를 키우는 곳 이상으로 활용할 수 있는 기회가 있다. 당신은 땅 위와 아래에서 자연을 키워 낼 수 있다. 또 이웃과 지역사회의 생물 다양성을 증진하는 데 기여할 수 있다. 자연 상태의 정주처가 사라지고 있는 생물들에게 필수적인 자원을 제공해 주고, 다른 이들이 이런 사실을 알도록 일깨울 수 있다. 동반식물 전략을 활용하여 방문자들에게 그 동반관계가 특정하든 일반적이든 간에, 그 가치를 보여 주도록 하라. 어른과 아이 모두에게 식물에 대해, 수분, 토양 건강, 심지어 해충의 흥미진진한 일생에 대해 가르치기 위해 그 관계를 활용하라. 그 덕분에 당신과 당신의 텃밭은 더 훌륭해지고, 당신은 토마토도 수확하게 될 것이다.

감사의 말

책을 쓰는 일은 '혼자만의 시간'과 연구, 짜맞추기로 가득 찬, 겸허해지게 만드는 경험이다. 그 일은 페이지에 첫 번째 단어를 쓰기 훨씬 전부터 이미 시작되었고, 여러 달이 지나서야 문서로 만들어지게 된다. 많은 이가 책 만드는 일에는 작가가 가장 중요하다고 말하겠지만, 꼭 그렇지만은 않다. 이 책이 만들어지는 과정에 드러나지 않은 똑똑하고 훌륭한 동료들이 없었다면 여러분은 지금 이 책을 손에 들지 못했을 것이다. 책을 쓰는 동안 받았던 많은 이의 도움에 감사하다.

이 주제를 파고들 수 있도록 나를 믿어 준 편집자인 칼린 마디간에게 고맙다. 당신과 함께할 수 있어서 매우 즐거웠다.

한나 프라이스, 미카엘라 젭, 스토리출판사의 나머지 직원들, 세세한 것에도 집중하고 탁월한 소통 능력을 보여 주었으며, 타고난 훌륭한 천성을 갖춘 여러분에게도 고맙다. 편집부터 내지 디자인까지, 모든 부분에서 '당신들은 놀라웠다'라는 말밖에 할 수 없다.

이 책의 식물 짝들을 재배해 주고 사진을 제공해 준 켈리 스미스 트림블과 그의 남편 데렉에게 깊은 감사의 마음을 전한다. 각 동반식물 재배 기법에 공을 들여 준 것이 고맙고, 결과물들은 너무나 사랑스러웠다.

홀리 존스와 녹스빌의 테네시대학교 식물원 관계자에게, 이 책의 많은 동반식물을 키우고 촬영을 허락해 주어서 역시 고맙다고 말하고 싶다.

동반식물 촬영을 위해 피츠버그에 있는 우리 집 텃밭을 여러 번 방문해 준 새로운 친구 안젤로 메렌디노에게도 감사의 말을 더한다. 안젤로, 우리 식구들은 당신을 만나고 함께 식사하는 것이 즐거웠고, 여행과 음악에 관한 당신의 모험담을 듣는 것도 재미있었다. 모히토 칵테일 한잔 하러 여자친구와 함께 또 방문해 주길 바란다.

제프 길먼 박사에게는 이 책의 서문을 써 주고 오랫동안 사람들에게 원예 과학을 가르쳐 주어서 고맙다고 말하고 싶다. 제프의 책을 아직 읽지 않은 독자라면, 《정원 문제 해결법에 관한 진실 The Truth about Garden Remedies》이라는 책부터 읽어 보기를 권한다. 제프, 고마워요!

마지막으로 내 남편 존과 아들 타이에게, 괴짜 식물광인 나를 사랑해 주어 감사해요!

제시카 윌리서

참고 문헌

각 장마다 저자가 참고한 연구 자료다.
호기심 많은 독자를 위해 그대로 첨부한다.

1. 식물 협력관계의 힘 The Power of Plant Partnerships

Andow, D. A. (1991). "Vegetational diversity and arthropod population response." Annual Review of Entomology, 36, 561–586.

Beyfuss, R. (1994). "Companion Planting, Ecogardening Fact Sheet #10." Cornell University.

Blande, J. D., Pickett, J. A., & Poppy, G. M. (2007). "A comparison of semiochemically mediated interactions involving specialist and generalist Brassica-feeding aphids and the braconid parasitoid Diaeretiella rapae." J. Chem. Ecol., 33, 767–779.

Bruce, T. J. A., Wadhams, L. J., & Woodcock, C. M. (2005). "Insect host location: a volatile situation." Trends Plant Sci., 10, 269–274.

Buranday, R. P. & Raros, R. S. (1975). "Effects of cabbage-tomato intercropping on the incidence and oviposition of the diamond back moth, Plutella xylostella (L.)." Phillippine Entomology, 2, 369–375.

De Moraes, C. M., Lewis, W. J., Pare, P. W., Alborn, H. T., & Tumlinson, J. H. (1998). "Herbivore-infested plants selectively attract parasitoids." Nature, 393, 570–573.

Du, Y. J., Poppy, G. M., & Powell, W. (1996). "Relative importance of semiochemicals from first and second trophic levels in host foraging behavior of Aphidius ervi." J. Chem. Ecol., 22, 1591–1605.

Du, Y. J., Poppy, G. M., Powell, W., Pickett, J. A., Wadhams, L. J., & Woodcock C. M. (1998). "Identification of semiochemicals released during aphid feeding that attract parasitoid Aphidius ervi." J. Chem. Ecol., 24, 1355–1368.

Elhakeem, A., Markovic, D., Broberg A., Anten, N.P.R., & Ninkovic, V. (2018). "Aboveground mechanical stimuli affect belowground plant-plant communication." PLoS ONE, 13(5), e0195646.

Farmer, E. E. & Ryan, C. A. (1990). "Interplant communication: Airborne methyl jasmonate induces synthesis of proteinase inhibitors in plant leaves." Proc. Natl. Acad. Sci. USA, 87, 7713–7716.

Feeny, P. (1976). "Plant apparency and chemical defense." Biochemical interaction between Plants and Insects (Wallace, J. & Mansell, R., eds.)," Recent Advances in Phytochemistry, 1–40. Springer.

Gao, Z. Z., Wu, W. J., & Cui, Z. X. (2004). "The Effect of Intercrop on the Densities of Phyllotreta Striolata (F.)." Chinese Agricultural Science Bulletin, 20, 214–216.

Gilbert, L. & Johnson, D. (2017). "Plant–

plant communication through common mycorrhizal networks." Advances in Botanical Research, 82, 83–97.

Girling, R. D., Stewart-Jones, A., Dherbecourt, J., Staley, J. T., Wright, D. J., & Poppy, G. M. (2011). "Parasitoids select plants more heavily infested with their caterpillar hosts: a new approach to aid interpretation of plant headspace volatiles." Proceedings of the Royal Society B: Biological Sciences, 278(1718), 2646–2653.

Gorzelak, M. A., Asay, A. K., Pickles, B. J., & Simard, S. W. (2015). "Inter-plant communication through mycorrhizal networks mediates complex adaptive behaviour in plant communities." AoB Plants, 7.

Heil, M., & Karban, R. (2010). "Explaining evolution of plant communication by airborne signals." Trends Ecol. Evol., 25, 137–144.

Heil, M., & Silva Bueno, J. C. (2007). "Within-plant signaling by volatiles leads to induction and priming of an indirect plant defense in nature." Sci. Signal. 104, 5467.

Huang, W., Gfeller, V., & Erb, M. (2019). "Root volatiles in plant–plant interactions II: Root volatiles alter root chemistry and plant–herbivore interactions of neighbouring plants." Plant, Cell & Environment, 42(6), 1964–1973.

Hunter, A. & Aarssen, L. (1988). "Plants helping plants." BioScience, 38, 34–40.

Jabran, K. (2017). "Rye allelopathy for weed control." Manipulation of Allelopathic Crops for Weed Control, 49–56. Springer.

Karban, R., Baldwin, I., Baxter, K., Laue, G., & Felton, G. (2000). "Communication between plants: Induced resistance in wild tobacco plants following clipping of neighboring sagebrush." Oecologia, 125, 66–71.

Lithourgidis, A., Dordas, C., Damalas, C., & Vlachostergios, D. (2011). "Annual intercrops: An alternative pathway for sustainable agriculture." Aust. J. Crop Sci., 5, 396.

Meier, Amanda R. & Hunter, Mark D. (2018). "Arbuscular mycorrhizal fungi mediate herbivore-induction of plant defenses differently above and belowground." Oikos, 127(12), 1759–1775.

Novoplansky, A. (2009). "Picking battles wisely: Plant behaviour under competition." Plant Cell Environ., 32, 726–741.

Oelmüller, R. (2019). "Interplant communication via hyphal networks." Plant Physiology Reports, 1–11.

Parker, J. E., Snyder, W. E., Hamilton, G. C., & Rodriguez-Saona, C. (2013). "Companion planting and insect pest control." Weed and Pest Control—Conventional and New Challenges (Soloneski & S., Larramendy, M., eds.), 1–30. InTech.

Perrin, R. M. & Phillips, M. L. (1978). "Some effects of mixed cropping on the population dynamics of insect pests." Entomol. Exp. .Appli., 24, 385–393.

Pieterse, C. M. J. & Dicke, M. (2007). "Plant interactions with microbes insects:

from molecular mechanisms to ecology." Trends Plant Sci., 12, 564–569.

Simard, S. W. (2018). "Mycorrhizal networks facilitate tree communication, learning, and memory." Memory and Learning in Plants (Baluska, F., Gagliano, M., & Witzany, G., eds.), 191–213. Springer.

Song, Y., Wang, M., Zeng, R., Groten, K., & Baldwin, I. T. (2019). "Priming and filtering of antiherbivore defenses among plants connected by mycorrhizal networks." Plant, Cell & Environment, 42(11), 2945–2961.

Tahvanainen, J. O. & Root, R. B. (1972). "The influence of vegetational diversity on population ecology of a specialize herbivore, Phyllotreta cruciferae (Coleoptera: Chrysomelidae)." Oecologia, 10, 321–346.

Turlings, T. C. J., Tumlinson, J. H., & Lewis, W. J. (1990). "Exploitation of herbivore-induced plant odors by host-seeking parasitic wasps." Science, 250, 1251–1253.

Turlings, T. C. J., Wackers, F. L.; Vet, L. E. M.; Lewis, W. J. & Tumlinson, J. H. (1993). "Learning of host-finding cues by hymenopterous parasitoids." Insect learning: ecological and evolutionary perspectives (Papaj, D. R. & Lewis, A. C., eds.), 51–78. Chapman and Hall, Inc.

Vandermeer, J. H. (1992). The Ecology of Intercropping. Cambridge University Press.

Vet, L. E. M. & Dicke, M. (1992). "Ecology of infochemical use by natural enemies in a tritrophic context." Annu. Rev. Entomol. 37, 141–172.

2. 토양 준비와 조절 Soil Preparation & Conditioning

ATTRA. (2006). "Overview of Cover Crops and Green Manures." http://attra.ncat.org/attra-pub/PDF/covercrop.pdf

Chen, G. & Weil, R. R. (2010). "Penetration of cover crop roots through compacted soils." Plant and Soil, 331(1–2), 31–43.

Costello, M. J. (1994). "Broccoli growth, yield and level of aphid infestation in leguminous living mulches." Biol. Ag. and Hort., 10, 207–222.

Flexner, J. L. (1990). Hairy vetch. Univ. of Calif. SAREP Cover Crops Resource Page. www.sarep.ucdavis.edu/ccrop

Fox, R. H. & Piekielek, W. P. (1988). "Fertilizer N Equivalence of Alfalfa, Birdsfoot Trefoil, and Red Clover for Succeeding Corn Crops." J. Prod. Agric., 1, 313–317.

Gruver, J., Weil, R., White, C., & Lawley, Y. (2014). Radishes: a new cover crop for organic farming systems. Michigan State University.

He, X., Critchley, C., & Bledsoe, C. (2003). "Nitrogen Transfer Within and Between Plants Through Common Mycorrhizal Networks (CMNs)." Critical Reviews in Plant Sciences, 22(6), 531–567.

Holmes, A. (2016). "Soil Health and the Tillage Radish." http://hdl.handle

.net/2142/89900

House, G. J. & Alzugaray, M. D. R. (1989). Hairy vetch. Univ. of Calif. SAREP Cover Crops Resource Page. www.sarep.ucdavis.edu/ccrop

Kahn, B. A. (2010). "Intercropping for field production of peppers." HortTechnology, 20(3), 530–532.

Knight, W. E. (1985). Crimson clover. Univ. of Calif. SAREP Cover Crops Resource Page. www.sarep.ucdavis.edu/ccrop

Larkin, R. P., Griffin, T. S., & Honeycutt, C. W. (2010). "Rotation and cover crop effects on soilborne potato diseases, tuber yield, and soil microbial communities." Plant Disease, 94(12), 1491–1502.

Li, L., Yang, S., Li, X., Zhang, F. & Christie, P. (1999). "Interspecific complementary and competitive interactions between intercropped maize and faba bean." Plant and Soil, 212(2), 105–114.

Marks, C. F. & Townsend, J. L. (1973). Buckwheat. Univ. of Calif. SAREP Cover Crops Resource Page. www.sarep.ucdavis.edu/ccrop Michigan State Univ. Extension. Cover Crops Program. East Lansing, Mich. www.covercrops.msu.edu

Montesinos-Navarro, A., Verdú, Miguel, Ignacio Querejeta, J., Sortibrán, L., & Valiente-Banuet, A. (2016). "Soil fungi promote nitrogen transfer among plants involved in long-lasting facilitative interactions." Perspectives in Plant Ecology, Evolution and Systematics, 10.1016/j.ppees.2016.01.004.

Phatak, S. C., et al. (1991). "Cover crops effects on weeds diseases, and insects of vegetables." Cover Crops for Clean Water (Hargrove, W. L., ed.), 153–154. Soil and Water Conservation Society.

3. 잡초 관리 Weed Management

Abdul-Baki, A. A. & Teasdale, J. R. (1993). "A no-tillage tomato production system using hairy vetch and subterranean clover mulches." HortSci., 28, 106–108.

Adhikari, L., Mohseni-Moghadam, M., & Missaoui, A. (2018). "Allelopathic Effects of Cereal Rye on Weed Suppression and Forage Yield in Alfalfa." American Journal of Plant Sciences, 9, 685–700.

Biazzo, J. & Masiunas., J. B. (2000). "The use of living mulches for weed management in hot pepper and okra." J. Sustainable Agr., 16, 59–79.

Boydston, R. A. & Al-Khatib, K. (2005). "Utilizing Brassica cover crops for weed suppression in annual cropping systems." Handbook of Sustainable Weed Management (Singh, H. P., Batish, D. R., & Kohli, R. K., eds.), 77–94. Haworth Press.

Broughton, S. E. (2010). "The Effects of Living Mulches on Organic, Reduced-Till Broccoli Growth and Management." Master's Thesis, University of Tennessee.

Costello, M. J. & Altieri, M.A. (1995). "Abundance, growth rate and parasitism of Brevicoryne brassicae and Myzus persicae (Homoptera: Aphididae) on broccoli grown in living mulches." Agr. Ecosystems Environ., 52, 187–196.

Chon, S. U. & Nelson, C. (2010). "Allelopathy in Compositae plants. A review." Agron. Sustain. Dev. 30, 349–358.

Farooq, M., Jabran, K., Cheema, Z. A., Wahid, A., & Siddique, K. H. M. (2011). "The role of allelopathy in agricultural pest management." Pest Manag. Sci., 67, 493–506.

Fisk, J. W., et al. (2001). "Weed suppression by annual legume cover crops in no-tillage corn." Agron. J., 93, 319–325.

Fujiyoshi, Phillip. (1998). "Mechanisms of Weed Suppression by Squash (Curcurbita spp.) Intercropped in Corn (Zea mays)." Dissertation, University of California Santa Cruz.

Gardiner, J. B. et al. (1999). "Allelochemicals released in soil following incorporation of rapeseed (Brassica napus) green manures." J. Agric. Food Chem., 47, 3837–3842.

Haramoto, E. R. & Gallandt., E. R. (2005). "Brassica cover cropping: I. Effects on weed and crop establishment." Weed Sci., 53, 695–701.

Hartwig, N. L. & Ammon, H. U. (2002). "Cover crops and living mulches." Weed Sci., 50, 688–699.

Hooks, C. R. R., Valenzuela, H. R. & DeFrank, J. (1998). "Incidence of pests and arthropod natural enemies in zucchini grown with living mulches." Agriculture, Ecosystems and Environment, 69, 217–231.

Hooks, C. R. & Johnson, M. W. (2006). "Population densities of herbivorous lepidopterans in diverse cruciferous cropping habitats: effects of mixed cropping and using a living mulch." BioControl, 51, 485–506.

Ilnicki, R. D. & Enache, A. J. (1992). "Subterranean clover living mulch: an alternative method of weed control." Agr., Ecosystems Environ., 40, 249–264.

Jabran, K. (2017). "Rye allelopathy for weed control." Manipulation of Allelopathic Crops for Weed Control, 49–56. Springer International Publishing AG.

Kelly, T. C., et al. (1995). "Economics of a hairy vetch mulch system for producing fresh-market tomatoes in the Mid-Atlantic region." HortSci., 120, 854–869.

Mohler, C. L. (1995). "A living mulch (white clover) / dead mulch (compost) weed control system for winter squash." Proc. Northeast. Weed Sci. Soc., 49, 5–10.

Paine, L., et al. (1995). "Establishment of asparagus with living mulch." J. Prod. Agric. 8, 35–40.

Rice, E. L. (1984). Allelopathy. Academic Press.

Singh, H. P., Batish, D. R., & Kohli, R. K. (2001). "Allelopathy in agroecosystems." J. CropProd., 4, 1–41.

Theriault, F., Stewart, K. A, & Seguin, P. (2009). "Use of perennial legumes living mulches and green manures for the fertilization of organic broccoli." Intl. J. Veg. Sci, 15, 142–157.

Theunissen, J., Booij, C. J. H., Schelling, G., & Noorlander, J. (1992). "Intercropping white cabbage with clover." IOBC/WPRS Bulletin XV, 4, 104–114.

Trinchera, A., et al. (2019). "Mycorrhiza-mediated interference between cover crop and weed in organic winter cereal agroecosystems: The mycorrhizal colonization intensity indicator." Ecology and Evolution, 9(10), 5593–5604.

Wiles, L. J., William, R. D., Crabtree, G. D., & Radosevish, S. R. (1989). "Analyzing competition between a living mulch and a vegetable crop in an interplanting system." J. Amer. Soc. Hort. Sci. 115, 1029–1034.

4. 지지와 구조 Support & Structure
참고문헌 없음.

5. 충해 관리 Pest Management

Amarawardana, L., Bandara, P., Kumar, V., Pettersson, J., Ninkovic, V., & Glinwood, R. (2007). "Olfactory response of Myzus persicae (Hemiptera: Aphididae) to volatiles from leek and chive: Potential for intercropping with sweet pepper." Acta Agric. Scand. B, 57, 87–91.

Andersson, M. (2007). "The effects of non-host volatiles on habitat location by phytophagous insects." Introductory Paper at the Faculty of Landscape Planning, Horticulture and Agricultural Science, Swedish University of Agricultural Sciences, 1–38. Alnap.

Andow, D. (1991). "Vegetational diversity and arthropod population response." Annual Review of Entomology, 36, 561–586.

Arimura, G. I., Ozawa, R., Shimoda, T., Nishioka, T., Boland, W., & Takabayashi, J. (2000). "Herbivory-induced volatiles elicit defense genes in lima bean leaves." Nature, 406, 512–515.

Baldwin, I. T., Kessler, A., & Halitschke, R. (2002). "Volatile signaling in plant-plant-herbivore interactions: What is real?" Curr. Opin. Plant Biol., 5, 351–354.

Ben-Issa, R., Gomez, L., & Gautier, H. (2017). "Companion Plants for Aphid Pest Management." Institut National de Recherche Agronomique, France.

Boucher, T. J. & Durgy, R. (2004). "Moving towards ecologically based pest management: a case study using perimeter trap cropping." Journal of Extension, 42(6).

Brooker, R. W., et al. (2015). "Improving intercropping: A synthesis of research in agronomy, plant physiology and ecology." New Phytol., 206, 107–117.

Bugg, R. L., Chaney, W. E., Colfer, R. G., Cannon, J. A., & Smith, H. A. (2008). "Flower flies (Diptera: Syrphidae) and other important allies in controlling pests of California vegetable crops." University of California, Division of Agriculture and Natural Resources, Publication 8285. University of California Press.

Collier, R. H. & Finch, S. (2003). "The Effect of Increased Crop Diversity on Colonisation by Pest Insects of Brassica Crops." Crop Science and Technology, 439–444. British Crop Protection Council.

Döring, T. F. (2014). "How aphids find their host plants, and how they don't." Ann. Appl. Biol., 165, 3–26.

Dover, J. W. (1986). "The effects of labiate herbs and white clover on Plutella xylostella oviposition." Entomol. Exp. Appl., 42(3), 243–247.

Finch, S. & Collier, R. (2000). "Host-plant selection by insects — a theory based on appropriate/inappropriate landings by pest insects of cruciferous plants." Entomol. Exp. Appl., 96, 91–102.

Finch, S., Billiald, H., & Collier, R. H. (2003). "Companion planting — Do aromatic plants disrupt host-plant finding by the cabbage root fly and the onion fly more effectively than non-aromatic plants?" Entomol. Exp. Appl., 109(3), 183–195.

Hagler, J. R., Nieto, D. J., Machtley, S. A, Spurgeon, D. W., Hogg, B. N., & Swezey, S. L. (2018). "Dynamics of Predation on Lygus hesperus (Hemiptera: Miridae) in Alfalfa Trap-Cropped Organic Strawberry." Journal of Insect Science, 18(4), 12.

Hokkanen, H. M. T. (1991). "Trap cropping in pest management." Annu. Rev. Entomol., 36, 119–138.

Hooks, C. R. R. & Johnson, M. W. (2003). "Impact of agricultural diversification on the insect community of cruciferous crops." Crop Prot., 22, 223–238.

Hurej, M. (2000). "Trap plants and their application in plant protection against pests." Prog. Plant Prot., 40, 249–253.

Jankowska, B., Poniedziaek, M., & Jedrszczyk, E. (2009). "Effect of intercropping white cabbage with French marigold (Tagetes patula nana L.) and pot marigold (Calendula officinalis l.) on the colonization of plants by pest insects." Folia Hortic., 21, 95–103.

Javaid, I. & Joshi, J. M. (1995). "Trap cropping in insect pest management." Journal of Sustainable Agriculture, 5(1–2), 117–136.

Koschier, E. H., Sedy, K. A. & Novak, J. (2002). "Influence of plant volatiles on feeding damage caused by the onion thrips (Thrips tabaci)." Crop Protection, 21(5), 419–425.

Kostal, V. & Finch, S. (1994). "Influence of background on host plant selection and subsequent oviposition by the cabbage root fly (Delia radicum)." Entomol. Exp. Appl., 70, 153–163.

Lopes, T., Hatt, S., Xu, Q., Chen, J., Liu, Y., & Francis, F. (2016). "Wheat (Triticum aestivum L.)-based intercropping systems for biological pest control." Pest Manag. Sci., 72, 2193–2202.

Ludwig, S. W. & Kok, L. T. (1998). "Evaluation of trap crops to manage harlequin bugs, Murgantia histrionica (Hahn) (Hemiptera: Pentatomidae) on broccoli." Crop protection, 17(2), 123–128.

Moreno, C. R. & Racelis, A. E. (2015). "Attraction, repellence, and predation: Role of companion plants in regulating Myzus persicae (Sulzer) (Hemiptera: Aphidae) in organic kale systems of south Texas." Southwest. Entomol., 40, 1–14.

Morley, K., Finch, S., & Collier, R. H. (2005). "Companion planting—behavior of the cabbage root fly on host plants and non-host plants." Entomol. Exp. Appl., 117, 15–25.

Pickett, J., Wadhams, L., & Woodcock, C. (1997). "Developing sustainable pest control from chemical ecology." Agric. Ecosyst. Environ., 64, 149–156.

Pollock, Sandra. Sustainable Agricultural Research & Education publication. "Trap Cropping in Vegetable Production: An IPM Approach to Managing Pests." https://ipm.ifas.ufl.edu/pdfs/trapcropsfactsheet.pdf

Potts, M. J. & Gunadi, N. (1991). "The influence of intercropping with allium on some insect populations in potato (Solatium tuberosum)." Ann. Appl. Biol., 119, 207–213.

Reddy, P. P. (2017). "Intercropping." Agro-ecological Approaches to Pest Management for Sustainable Agriculture, 109–131. Springer.

Reisselman, Leah. Companion Planting: A Method for Sustainable Pest Control. Iowa State University, Armstrong and Neely-Kinyon research and Demonstration Farm; RFR-A9099; ISRF09-12

Root, R. B. (1973). "Organization of a plant-arthropod association in simple and diverse habitats: the fauna of collards (Brassica oleracea)." Ecol. Monog., 43, 95–124.

Shelton, A. & Badenes-Perez, F. (2006). "Concepts and applications of trap cropping in pest management." Annu. Rev. Entomol., 51, 285–308.

Smith, J. G. (1976). "Influence of crop backgrounds on aphids and other phytophagous insects on Brussels sprouts." Annals of Applied Biology, 83, 1–13.

Srinivasan, K. & Krishna Moorthy, P. (1992). "Development and Adoption of Integrated Pest Management for Major Pests of Cabbage Using Indian Mustard as a Trap Crop." Proceedings of the second international workshop on management of Diamondback moth and other crucifer pests, Tainan, Taiwan, 10–14 December, 1992, 511–521.

Tahvanainen, J. O. & Root, R. B. (1972). "The influence of vegetational diversity on the population ecology of a specialized herbivore, Phyllotreta cruciferae (Coleoptera: Chrysomelidae)." Oecologia, 10, 321–346.

Thiery, D. & Visser, J. H. (1986). "Masking of host plant odour in the olfactory orientation of the Colorado potato beetle." Entomol. Exp. Appl., 41, 165–172.

Thiery, D. & Visser, J. H. (1987). "Misleading the Colorado potato beetle with an odor blend." Journal of Chemical Ecology, 13, 1139–1146.

Uvah, I. & Coaker, T. (1984) "Effect of mixed cropping on some insect pests of carrots and onions." Entomol. Exp. Appl., 36, 159–167.

Visser, J. & Avé, D. (1978). "General green leaf volatiles in the olfactory orientation of the colorado beetle, Leptinotarsa decemlineata." Entomol. Exp. Appl., 24, 738–749.

6. 병해 관리 Disease Management

Abdul-Baki, A. A., Stommel, J. R., Watada, A. E., Teasdale, J. R., & Morse, R. D. (1996). "Hairy vetch mulch favorably impacts yield of processing tomatoes." HortSci., 31, 338–340.

Brown, P. D., & Morra, M. J. (1997). "Control of soil-borne plant pests using glucosinolate-containing plants." Adv. Agron., 61, 167–215.

Dupont, Tianna. (2015). "Reducing Soil Borne Diseases with Cover Crops. PennState Extension." https://extension.psu.edu/reducing-soil-borne-diseases-with-cover-crops

Everts, Kathryne & Himmelstein, Jennifer. (2015). "Fusarium wilt of watermelon: Towards sustainable management of a re-emerging plant disease." Crop Protection, 73.

Fereres, A. (2000). "Barrier crops as a cultural control measure of nonpersistently transmitted aphid-borne viruses." Virus Research, 71, 221–231.

Frank, D. L., & Liburd, O.E. (2005). "Effects of living and synthetic mulch on the population dynamics of whiteflies and aphids, their associated natural enemies and insect-transmitted plant diseases in zucchini." Environmental Entomology 34, 857–865.

Hao, J. J. & Subbarao, K. V. (2006). "Dynamics of lettuce drop incidence and Sclerotinia minor inoculum under varied crop rotations." Plant Disease, 90, 269–278.

Hartwig, N. L., & Ammon, H.U. (2002). "Cover crops and living mulches." Weed Science, 50, 688–699.

Hooks, C. R. R., & Fereres, A. (2006). "Protecting crops from non-persistently aphid-transmitted viruses: A review on the use of barrier plants as a management tool." Virus Research 120, 1–16.

Hooks, C. R. R., Fereres, A., & Wang, K. H. (2007). "Using protector plants to guard crops from aphid-born non-persistent viruses." University of Hawai'i at Mānoa, College of Tropical Agriculture and Human Resources, publication SCM-18.

Ilnicki, R., & Enache, A. (1992). "Subterranean clover living mulch: An alternative method of weed control." Agriculture, Ecosystems & Environment, 40, 249–264.

Ju Ding, Yao Sun, Chun Lan Xiao, Kai Shi, Yan Hong Zhou, Jing Quan Yu. (2007). "Physiological basis of different allelopathic reactions of cucumber and figleaf gourd plants to cinnamic acid." Journal of Experimental Botany, 58(13), 3765–3773.

Keinath, A. P., Hassell, R. L., Everts, K. L., & Zhou, X. G. (2010). "Cover crops of hybrid common vetch reduce Fusarium wilt of seedless watermelon in the eastern United States." Plant Health Progress, 11(1), 8.

Kruidhof, H. M., Bastiaans, L., & Kropff, M. J. (2009). "Cover crop residue management for optimizing weed control." Plant and Soil, 318, 169–184.

Larkin, R., Griffin, T., & Honeycutt, C. (2010). "Rotation and Cover Crop Effects on Soilborne Potato Diseases, Tuber Yield, and Soil Microbial Communities." Plant Disease, 94.

Lockerman, R. H., & Putnam, A. R. (1979). "Evaluation of allelopathic cucumbers (Cucumis sativus) as an aid to weed control." Weed Science, 27(1), 54–57.

Ochiai, N., Powelson, M. L., & Crowe, F. J., et al. (2000). "Green manure effects on soil quality in relation to suppression of Verticillium wilt of potatoes." Biol. Fertil. Soils, 44, 1013–1023.

Paine, L., Harrison, H., and Newenhouse, A. (1995). "Establishment of Asparagus with Living Mulch." J. Prod. Agric. 8, 35–40.

Patten, K., Nimr, G., & Neuendorff, E. (1990). "Evaluation of Living Mulch Systems for Rabbiteye Blueberry Production." HortSci., 25.

Thresh M. (1982). "Cropping practices and virus spread." Annual Review of Phytopathology, 20, 193–218.

Zhou, X. G., & Everts, K. L. (2004). "Suppression of Fusarium wilt of watermelon by soil amendment with hairy vetch." Plant Disease, 88, 1357–1365.

7. 생물학적 조절 Biological Control

Andow, D. A. (1991). "Vegetational diversity and arthropod population response." Annu. Rev. Entomol., 36, 561–586.

Baggen, L. R., Gurr, G. M., & Meats, A. (1999). "Flowers in tri-trophic systems: mechanism allowing selective exploitation by insect natural enemies for conservation biological control." Entomol. Exp. Appl., 91(1), 155–161.

Balmer, O., et al. (2014). "Wildflower companion plants increase pest parasitation and yield in cabbage fields: Experimental demonstration and call for caution." Biological Control, 76, 19–27.

Begum, M., Gurr, G. M., Wratten, S. D., Hedberg, P., & Nicol, H. I. (2004). "The effect of floral nectar on the grapevine leafroller parasitoid Trichogramma carverae." International Journal of Ecology and Environmental Sciences, 30, 3–12.

Beizhou, S., Jie, Z., Jinghui, H., Hongying, W., Yun, K., & Yuncong, Y. (2010). "Temporal dynamics of the arthropod community in pear orchards intercropped with aromatic plants." Pest Manag. Sci., 67, 1107–1114.

Beizhou, S., Jie, Z., Wiggins, N. L., Yuncong, Y., Guangbo, T., & Xusheng, S. (2012). "Intercropping with aromatic plants decreases herbivore abundance, species richness, and shifts arthropod community trophic structure." Environ-

mental Entomology, 41, 872–879.
Bickerton, M. W. & Hamilton, G. C. (2012). "Effects of Intercropping with flowering plants on predation of Ostrinia nubilalis (Lepidoptera: Crambidae) eggs by generalist predators in bell peppers." Environmental Entomology, 41, 612–620.
Collins, K. L., Boatman, N. D., Wilcox, A., Holland, J. M., & Chaney, K. (2002). "Influence of beetle banks on cereal aphid predation in winter wheat." Agriculture, Ecosystems and Environment, 93, 337–350.
Cowgill, S. E., Wratten, S. D., & Sotherton N. W. (1993). "The effect of weeds on the numbers of hoverfly (Diptera: Syrphidae) adults and the distribution and composition of their eggs in winter wheat." Annals of Applied Biology, 123, 499–514.
Dong, M., Zhang, D., & Du, X. (2011). "The relationship between aphids and their natural enemies and their ecological management." Acta Phytophylacica Sin., 38, 327–332.
Ehler, L. (1998). "Conservation biological control: Past, present, and future." Conservation Biological Control, 1–8. Academic Press.
Finch, S. & Edmonds, G. H. (1994). "Undersowing cabbage crops with clover — the effects on pest insects, ground beetles and crop yield." IOBC/WPRS Bulletin, 17(8), 159–167.
Finch, S. & Kienegger, M. A. (1997). "Behavioural study to help clarify how undersowing with clover affects host plant selection by pest insects of brassica crops." Entomol. Exp. Appl., 84, 165–172.
Géneau, C. E., Wackers, F. L., Luka, H., Daniel, C., & Balmer, O. (2012). "Selective flowers to enhance biological control of cabbage pests by parasitoids." Basic Appl. Ecol., 13, 85–93.
Heimpel, G. E., & Jervis, M. A. (2005). "Does floral nectar improve biological control by parasitoids?" Plant-provided Food and Plant-Carnivore Mutualism (Wackers, F. L., Van Rijn, P. C. J., & Bruin, J., eds.) 267–304. Cambridge University Press.
Hooks, C. R., Pandey, R. R., & Johnson, M. W. (2007). "Using clovers as living mulches to boost yields, suppress pests, and augment spiders in a broccoli agroecosystem." Univ. Hawai'i Coop. Ext. Serv. Publ. IP-27.
Jervis, M. A., & Heimpel. G. E. (1986). "Phytophagy in insects as natural enemies" (Jervis, M. A., Ed.), Springer, Netherlands, 525–550.
Jervis, M. A., & Kidd, N. A. C. (1986). "Host-feeding strategies in hymenopteran parasitoids." Biological Reviews, 61, 395–434.
Jonsson M., Wratten, S. D., Landis, D. A., & Gurr, G. M. (2008). "Recent advances in conservation biological control of arthropods by arthropods." Biological Control, 45, 172–175.
Landis, D. A., Wratten, S. D., & Gurr, G. M. (2000). "Habitat management to conserve natural enemies of arthropod pests

in agriculture." Annu. Rev. Entomol. 45, 175-201.

Lavandero, B. I., Wratten, S. D., Didham, R. K., & Gurr, G. (2006). "Increasing floral diversity for selective enhancement of biological control agents: A double-edged sward?" Basic and Applied Ecology, 7, 236-243.

Letourneau, D. K., & Altieri, M. A. (1999). "Environmental management to enhance biological control in agroecosystems." Handbook of Biological Control (Bellows, T.S., & Fischer, T.W., eds.), 319-354. Academic Press.

Lövei, G. L., Hodgson, D. J., MacLeod, A., & Wratten, S. D. (1993). "Attractiveness of some novel crops for flower-visiting hover flies (Diptera: Syrphidae): comparisons from two continents." Pest control and sustainable agriculture (Corey, S., Dall, D., & Milne, W., eds.), 368-370. CSIRO Publications.

Lu, Z. X., et al. (2014). "Mechanisms for flowering plants to benefit arthropod natural enemies of insect pests: Prospects for enhanced use in agriculture." Insect Sci., 21, 1-12.

MacLeod, A. (1992). "Alternative crops as floral resources for beneficial hoverflies (Diptera: Syphidae)." Proceedings of the Brighton Crop Protection Conference, 997-1002. British Crop Protection Council.

Maredia, K. M., Gage, S. H., Landis, D. A., & Scriber, J. M. (1992). "Habitat use patterns by the seven-spotted lady beetle (Coleoptera: Coccinellidae) in a diverse agricultural landscape." Biological Control, 2, 159-165.

Morandin, L. A., & Kremen, C. (2013). "Hedgerow restoration promotes pollinator populations and exports native bees to adjacent fields." Ecol. Appl., 23, 829-839.

Morris, M. C., & Li, F. Y. (2000) "Coriander (Coriandrum sativum) companion plants can attract hoverflies, and may reduce pest infestation in cabbages." N. Z. J. Crop Hortic. Sci., 28, 213-217.

Patt, J. M., Hamilton, G. C., & Lashomb, J. H. (1997) "Foraging success of parasitoid wasps on flowers: interplay of insect morphology, floral architecture and searching behavior." Entomol. Exp. Appl., 83, 21-30.

Perrin, R., & Phillips, M. (1978). "Some effects of mixed cropping on the population dynamics of insect pests." Entomol. Exp. Appl., 24, 585-593.

Potting, R. P. J., Poppy, G. M., & Schuler, T. H. (1999). "The role of volatiles from cruciferous plants and pre-flight experience in the foraging behaviour of the specialist parasitoid Cotesia plutellae." Entomol. Exp. Appl., 93, 87-95.

Ruppert, V & Klingauf, F. (1988). "The attractiveness of some flowering plants for beneficial insects as exemplified by Syrphinae (Diptera: Syrphidae)." Mitteilungen der Deutschen Gesellschaft für Allgemeine und Angewandte Entomologie, 6(1-3), 255-261.

Song, B., et al. (2010). "Effects of intercropping with aromatic plants on the diversity and structure of an arthropod community in a pear orchard." BioControl, 55, 741–751.

Tentelier, C. & Fauvergue, X. (2007). "Herbivore-induced plant volatiles as cues for habitat assessment by a foraging parasitoid." J. Anim. Ecol., 76, 1–8.

Thomas, M. B., Wratten, S. D., & Sotherton, N. W. (1991). "Creation of island habitats in farmland to manipulate populations of beneficial arthropods: predator densities and species composition." Journal of Applied Ecology, 28, 906–917.

Tukahirwa, E. M. & Coaker, T. H. (1982). "Effect of mixed cropping on some insect pests of brassicas; reduced Brevicoryne brassicae infestations and influences on epigeal predators and the disturbance of oviposition behavior in Delia brassicae." Entomol. Exp. Appl., 32, 129-140.

Van den Bosch, R. & Telford, A. D. (1964). "Environmental modification and biological control." Biological Control of Pests and Weeds (P. DeBac, ed.), 459–488. Reinhold.

Wäckers, F. L., Romeis, J., & van Rijn, P. (2007). "Nectar and pollen-feeding by insect herbivores and implications for tri-trophic interactions." Annual Review of Entomology, 52, 301–323.

Wäckers, F. L., & van Rijn, P. C. (2012). "Pick and mix: Selecting flowering plants to meet the requirements of target biological control insects." Biodivers. Insect Pests, 9, 139–165.

Wade, M. R., & Wratten, S. D. (2007). "Excised or attached inflorescences? Methodological effects on parasitoid wasp longevity." Biological Control, 40, 347–354.

White, A. J., Wratten, S. D., Berry, N.A., & Weigmann, U. (1995). "Habitat manipulation to enhance biological control of Brassica pests by hover flies (Diptera: Syrphidae)." J. Econ. Entomol. 88, 1171–1176.

Wilby, A., & Thomas, M. B. (2002). "Natural enemy diversity and pest control: Patterns of pest emergence with agricultural intensification." Ecology Letters. 2002, 5, 353–360.

Zhao, J. Z., Ayers, G. S., Grafius, E. J., & Stehr, F. W. (1992). "Effects of neighboring nectar-producing plants on populations of pest Lepidoptera and their parasitoids in broccoli plantings." Great Lakes Entomologist, 24, 253–258.

8. 수분 Pollination

Asare, E. (2013). "The economic impacts of bee pollination on the profitability of the lowbush blueberry industry in Maine." Master's thesis, University of Maine, Orono.

Blaauw, B. R., & Isaacs, R. (2014). "Flower plantings increase wild bee abundance and the pollination services provided to a pollination-dependent crop." J. Appl. Ecol. 51, 890–898.

Blitzer, E. J., Gibbs, J., Park, M. G., &

Danforth, B. N. (2016). "Pollination services for apple are dependent on diverse wild bee communities." Agriculture, Ecosystems & Environment, 221, 1–7.

Brosi, B. J., Armsworth P. R., & Daily G. C. (2008). "Optimal design of agricultural landscapes for pollination services." Conserv. Lett., 1, 27–36.

Campbell, A. J., Biesmeijer, J. C., Varma, V., Wäckers, F. L. (2012). "Realising multiple ecosystem services based on the response of three beneficial insect groups to floral traits and trait diversity." Basic Appl. Ecol., 13, 363–370.

Clark, A. (ed.). (2007). Managing Cover Crops Profitably, 3rd ed. Sustainable Agriculture Network.

Gardner, K. E., & Ascher, J. S. (2006). "Notes on the native bee pollinators in New York apple orchards." Entomologica Americana, 114(1), 86–91.

Garibaldi, L. A., et al. (2013). "Wild pollinators enhance fruit set of crops regardless of honey bee abundance." Science 339, 1608–1611.

Lowenstein, D. M., Matteson, K. C., & Minor, E. S. (2015). "Diversity of wild bees supports pollination services in an urbanized landscape." Oecologia, 179(3), 811–821.

MacIvor, J. S. & Packer, L. (2015). "'Bee hotels' as tools for native pollinator conservation: a premature verdict?" PloS one, 10(3).

Mader, E., Shepherd, M., Vaughn, M., Black, S. H., & LeBuhn, G. (2011). Attracting Native Pollinators: The Xerces Society Guide protecting North America's bees and butterflies. Storey Publishing.

Park, M., et al. (2015). Wild Pollinators of Eastern Apple Orchards and How to Conserve Them., 2nd ed. Cornell University, Penn State University, and The Xerces Society. (www.northeastipm.org/park2012)

Pereira, A. L. C., Taques, T. C., Valim, J. O. S., Madureira, A. P., & Campos, W. G. (2015). "The management of bee communities by intercropping with flowering basil (Ocimum basilicum) enhances pollination and yield of bell pepper (Capsicum annuum)." J. Insect Conserv., 19, 479–486.

Shuler, R. E., Roulston, T. A. H., & Farris, G. E. (2005). "Farming practices influence wild pollinator populations on squash and pumpkin." Journal of Economic Entomology, 98(3), 790–795.

Venturini, E. M., Drummond, F. A., Hoshide, A. K., Dibble, A. C., & Stack, L. B. (2017). "Pollination Reservoirs in Lowbush Blueberry (Ericales: Ericaceae)." Journal of Economic Entomology, 110(2), 333–346.

Winfree, R. W., Fox, J., Williams, N. M., Reilly, J. R., & Cariveau, D. P. (2015). "Abundance of common species, not species richness, drives delivery of a real-world ecosystem service." Ecology Letters, 18(7), 626–635.

주요 종자 공급회사

책에 소개된 저자가 주로 이용하는 채소 작물 종자 공급 회사 정보도 그대로 옮겨 놓는다.

American Meadows
2438 Shelburne Road, Suite 1
Shelburne, VT 05482
877-309-7333
www.americanmeadows.com

Arrow Seed
PO Box 722
Broken Bow, NE 68822
800-622-4727
www.arrowseed.com

Fedco Seeds
PO Box 520
Clinton, ME 04927
207-426-9900
www.fedcoseeds.com

Hearne Seed
512 Metz Road
King City, CA 93930
800-253-7346
www.hearneseed.com

High Mowing Seeds
76 Quarry Road
Wolcott, VT 05680
866-735-4454
www.highmowingseeds.com

Johnny's Selected Seeds

PO Box 299

Waterville, ME 04903

877-564-6697

www.johnnyseeds.com

Peaceful Valley Farm Supply

125 Clydesdale Court

Grass Valley, CA 95945

888-784-1722

www.groworganic.com

Southern Exposure Seed Exchange

PO Box 460

Mineral, VA 23117

540-894-9480

www.southernexposure.com

Sustainable Seed Company

175 West 2700 South

South Salt Lake, UT 84115

866-948-4727

www.sustainableseedco.com

Territorial Seed Company

PO Box 158

Cottage Grove, OR 97424

800-626-0866

www.territorialseed.com

West Coast Seeds

5300 34B Avenue

Delta, BC, Canada, V4L 2P1

888-804-8820

www.westcoastseeds.com

사진

© agrarmotive/stock.adobe.com 225쪽

© Alexander Vinokurov/Alamy Stock Photo 061쪽(아래)

© Alexey Protasov/stock.adobe.com, 140쪽

© alexstepanov/stock.adobe.com 047쪽

© amomentintime/Alamy Stock Photo 080쪽

© asfloro/stock.adobe.com 270쪽

© Botany vision/Alamy Stock Photo 119쪽(왼쪽)

© Brett/stock.adobe.com 241쪽

© Bryan E. Reynolds 85쪽, 178쪽(아래), 254쪽(아래), 255쪽(위)

© Ciungara/iStock.com 243쪽

© Engdao/stock.adobe.com 117쪽(아래)

© Courtesy Ethan Joseph Smith 253쪽

© Floki/stock.adobe.com 140쪽(아래)

© fotolinchen/iStock.com 085쪽

© GabiWolf/stock.adobe.com 274쪽

© Gillian Pullinger/Alamy Stock Photo 162쪽

© GOLFX/Shutterstock.com 064쪽

© Courtesy of Gwendolyn Ellen, Agricultural Biodiversity Consulting 244쪽

© hhelene/stock.adobe.com 151쪽

© Howard F. Schwartz, Colorado State University, Bugwood.org 156쪽, 210쪽(아래)

© hubb67/stock.adobe.com 125쪽(아래)

© imageBROKER/Alamy Stock Photo 188쪽(아래)

© Iva/stock.adobe.com 121쪽(왼쪽)

© jbosvert/stock.adobe.com 265쪽

© Jessica Walliser 001쪽, 016쪽(아래 오른쪽), 016쪽(위 왼쪽), 027쪽(아래), 029쪽, 036쪽, 037쪽, 051쪽, 055쪽(위), 055쪽, 059쪽, 073쪽, 095쪽(왼쪽), 119쪽(왼쪽), 127쪽(위), 129쪽(위), 139쪽, 152쪽, 157쪽, 181쪽(위), 212쪽, 220쪽(위), 220쪽(아래), 229쪽(위), 245~247쪽, 255쪽(아래), 254쪽(위), 258쪽, 270쪽(위), 269쪽, 274쪽(위)

© John Richmond/Alamy Stock Photo 125쪽(위)

© Juli/stock.adobe.com 153쪽

© KaliAntye/Shutterstock.com 210쪽(위)

© Kelsey/stock.adobe.com 027쪽(위)

© korkeng/stock.adobe.com 196쪽(아래)

© Lee A. Washington/Shutterstock.com 145쪽(오른쪽)

© Lertwit Sasipreyajun/Shutterstock.com 145쪽(왼쪽)

© ligora/iStock.com 063쪽(아래)

© Lithiumphoto/Shutterstock.com 203쪽

© M.A. Brick, Bugwood.org 069쪽

© M. Schuppich/stock.adobe.com 188쪽(가운데)

© Marc/stock.adobe.com 103쪽

© Mary Ann Hansen, Virginia Polytechnic

Institute and State University, Bugwood.org, 183쪽(위)

© Nigel Cattlin/Alamy Stock Photo 039쪽, 150쪽, 207쪽(위), 207쪽(아래)

© nomasa/iStock.com 078쪽(위)

© ohenze/stock.adobe.com 040쪽

© Olgalele/stock.adobe.com 121쪽(오른쪽)

© Pernilla Bergdahl/GAP Photos 031쪽

© photo_pw/stock.adobe.com 259쪽

© Pravruti/Shutterstock.com 118쪽

© R.J. Reynolds Tobacco Company, R.J. Reynolds Tobacco Company, Bugwood.org, 181쪽(아래)

© Robert L. Anderson, USDA Forest Service, Bugwood.org 045쪽

© Russ Ottens, University of Georgia, Bugwood.org 050쪽

© Saxon Holt, 033쪽, 066쪽, 186쪽, 238쪽, 276쪽

© Scott Bauer, USDA Agricultural Research Service, Bugwood.org 158쪽

© sever180/stock.adobe.com 078쪽(아래)

© sharky1/stock.adobe.com 177쪽(아래)

© SJA Photo/Alamy Stock Photo 043쪽

© Stephen Bonk/stock.adobe.com 227쪽

© Stephen Studd - Designer: Jon Wheatley/GAP Photos 034쪽

© tamu/stock.adobe.com 209쪽

© Tar/stock.adobe.com, 093쪽(아래)

© Tim Gainey/Alamy Stock Photo 223쪽

© USDA ARS/Wikimedia Commons 263쪽

© Varaporn_Chaisin/iStock.com 101쪽

© visuals-and-concepts/stock.adobe.com 188쪽(위)

© Whitney Cranshaw, Colorado State University, Bugwood.org 140쪽(위)

찾아보기

ㄱ

가루이 098, 140, 141, 148, 191
가문비나무 228
가막살나무 187, 249
가죽나무 047
가지 060, 072, 092, 099, 155, 164, 167,
　　176, 228, 230, 257, 259
가지과작물 007, 257, 259
간작 030, 031, 086, 148, 159
　열간작 030
　이어짓기 030
　작물순환 030
　혼합간작 030
감자 070, 103, 135, 155, 157, 167, 171,
　　195, 202, 205, 206, 208
감자더뎅이병 193, 205, 206
감탕나무 248, 249
갓끈동부 131
강낭콩 211, 213, 214
　덩굴강낭콩 070, 092, 105, 111, 139
　로마노덩굴강낭콩 111
　적화강낭콩 105, 134, 135
강아지풀 100
개미취 233
개박하 171
갯는쟁이 124
거미 228, 241, 242, 245
거세미 008
거킨오이 121, 128
겨자 157, 164, 195, 205, 267
　중국겨자 156

청겨자 010
황겨자 098, 103
결절 067, 068, 069
경운 054, 056, 062, 065, 079, 100, 196,
　　200, 202, 208, 262, 275
경운 상쇄 065
경운기 053, 056
고수 228, 230, 235
고자리파리 182, 183, 189, 190
　양배추고자리파리 182, 183
　양파고자리파리 182
고추 047, 060, 067, 072, 073, 086, 092,
　　097, 155, 161, 167, 176, 179, 211, 240,
　　257, 259, 276
고추 4형제 방법 009
고추구더기 154
곤충사육장 219, 221
골든 알렉산더 228
공기 순환 211~215
공유 자원 036, 038
과실수 024, 086, 092, 268, 271
관개수 022, 197
관상용 111, 119, 135, 246, 264, 273
광대파리매 222, 247
광합성 039, 108
괴경(덩이줄기) 070, 116, 118, 135
교란 047, 050, 053, 054, 138, 141, 160,
　　196
구조적 복합성(식생의) 049
군집 붕괴 현상 251, 252
귀리 047, 059, 060, 094, 095, 100, 190,

202
균근
　내생균근 054
　외생균근 054
균근균(균근류) 045, 046, 047, 054, 084, 197, 200, 202, 209, 214
균근류 네트워크 045, 047, 068, 074, 079, 084, 200
균류 017, 021, 032, 041, 045, 046, 054, 076, 194, 202, 211, 215, 214
　균류 네트워크 021, 055, 056
　균류 연계 045
균배양체 010
균사 044, 045, 048, 054
그늘 효과 025
근경(뿌리줄기) 135, 171
근권 077
근립 헤모글로빈 069
글루코시놀레이트 195, 205
금관화속식물 228, 272
금어초 259
금잔화 168
기생파리 239
기장 148
기주식물 026, 028, 092, 138, 141, 142, 145, 146, 150, 160, 161, 172, 176, 180, 182, 185, 190, 197, 198, 202, 206, 211, 214, 228
기형과 158
깍지벌레 219
깍지콩 131, 210
꽃등에 222, 228, 236, 239
꽃박하 235
꽃받침 239
꿀과 꽃가루 024, 026, 222, 224, 226, 230, 233, 235, 236, 239, 241, 249, 256, 260,

262, 264, 267

ㄴ

나무케일 134
남부풀색노린재 151
내병성 194
넓적다리잎벌레 172, 190
노균병 211
노란줄무늬거염벌레 179, 190
녹병 211
녹비 042, 066, 068, 239
녹비작물 026, 042, 043
누에콩 068, 070, 072
느릅나무잎벌레 219
늑대거미 241

ㄷ

다년생 풀(속 빈 줄기의) 246
다발풀 243, 244
다양성
　동반식물과 다양성 278~279
　수분과 다양성 276
　안정성과 다양성 049~050
　충해 관리와 다양성 191
다태성 116
단옥수수 070, 092, 094
단일작물 022, 026, 030, 049, 197
달팽이 243, 244
담배박각시나방 176, 190, 227
담배불벌레 027
당근(류) 179, 189, 190, 211, 228, 235, 267
덩굴시렁 105, 106~135, 262
덩굴작물 086, 106, 108, 126, 131, 196
덩이줄기 괴경 참조

데이지(류) 264, 267
독소 102
동반식물
    관계 072, 124, 138, 171, 172, 198, 208,
        211, 222, 226
    재배 017, 019, 025, 027, 028, 031, 033,
        057, 194, 199, 201
    재배 기법 032, 050, 056, 084, 160, 211,
        215, 225
동부 059, 064, 068, 072, 097, 099, 151, 190
돼지풀 100
딜 172, 221, 228, 230, 235
따뜻한 계절용 058, 059, 060, 062, 064, 065, 086, 118, 151
딱정벌레 148, 222, 243, 244, 245
    딱정벌레 둔덕 243, 244
    딱정벌레 범프 243, 244
딸기 091, 095, 158, 264, 276
    나무딸기 095, 273
    덤불딸기 157, 276
뚱딴지(돼지감자) 121

ㄹ

라즈베리 095, 240, 264
레몬밤 235
레이시 파켈리아 239
로즈마리 235, 264
루타베가(노란순무) 267
루핀류 259
리족토니아 210

ㅁ

마름병

잎마름병 211
    줄기마름병 193
    토마토마름병 193
    풋마름병(청고병) 214
말리바시금치 126
마리골드 142, 168, 182
매미목 140, 191
매운 체리고추 154
멀치 생멀치 참조
메밀 059, 060, 061, 066, 077, 078, 148, 200
대두 068, 074, 076
멕시코해바라기 126, 267
명아주 099, 100
모나르다속식물 246, 259, 273
모잘록병 193, 201
목화 158
무 047, 059, 079, 086, 147, 155, 182
무당벌레 218, 219, 222, 225, 228
    베달리아무당벌레 219
    아시아다색무당벌레 219
    얼룩무당벌레 139, 219, 242
    흰목줄무당벌레(철 따라 이동하는 무당벌레) 218
무름병 193, 206
    과일무름병 093
미생물 013, 021, 032, 042, 059, 060, 065, 057, 077, 099, 194, 195, 197, 198
미역취속식물 272
민달팽이 243, 244
민트(류) 235, 244
밀(겨울 밀) 062, 063, 210
밀고 당기기 시스템 159, 164
밀식 249, 260
밀원 062, 085, 128, 172, 222, 226, 233, 236, 239, 240, 267, 276

ㅂ

바랭이 099
바이오 숯 010
바이오매스 059
바이오차 013
바질 167, 176, 179, 264
박각시나방 017, 176
박테리아 067, 069, 070, 076, 077, 198
반점병 211
밥티시아 259
방사 218, 219, 221
방어기제 035, 036
배추 164
배추벌레 148, 172, 175, 180, 190, 228, 242, 247
배추좀나방 148, 150, 235
백리향 타임 참조
백일홍 233
뱅커식물 천적유지식물 참조
번데기 154, 182, 235, 236
번데기화(용화) 190, 227
벌
    기생말벌 027, 092, 218, 221, 222, 225, 228, 235, 236, 239, 240
    꼬마꽃벌 264
    꿀벌 251, 257, 260, 262, 267, 268
    머리뿔가위벌 252, 268, 270
    스쿼시벌 262, 263
    애꽃벌 260, 263, 268, 271, 275
    유럽 꿀벌 251, 252, 255, 256, 260
    코테시아기생말벌 227
    토종 벌 251, 252
    페디오기생벌 219
    호박벌 252, 257, 259, 260
벼 047
벼룩잎벌레 148, 155, 156, 164, 190

병균 035, 049, 171, 196, 200
병원균 194, 195, 198, 202, 208, 211, 214, 215, 273
병대벌레 228
병해 관리 025, 193
    곤충 매개 질병과 병해 관리 197~198
    이로운 미생물과 병해 관리 195
    토양 유래 질병과 병해 관리 202~210
    토양과 식물의 전반적 건강을 위한 병해 관리 198
    항균화합물과 병해 관리 194~195
    흙탕물이 튀어 생기는 질병과 병해 관리 197
보존 생물학적 조절 219
복숭아혹진딧물 161
부엽토 056
부추 094
북쪽비단노린재 008
브래디라이조비움 076
브로콜리 059, 089, 092, 094, 150, 155, 156, 164, 173, 180, 233, 241, 242
블랙베리 095, 254, 271
블루베리 091, 187, 248, 249, 253, 256, 257, 260
비트 211, 267
뿌리줄기 근경 참조
뿔벌레 191

ㅅ

사과(나무) 158, 252, 256, 268
사탕수수 131
산란을 방해하는 동반식물 172~183
산란처(산란실) 241, 262, 268, 273, 275
산형과식물 228, 229, 235
살충제 146, 163, 183, 217, 219, 251, 275

삼출물(액) 026, 036, 046, 056, 068, 074, 077
상추 059, 064, 067, 072, 074, 086, 094, 099, 179, 206, 228, 229, 236, 243, 244, 267
상추눈물(무름병) 206
살비아 142, 172, 235, 259
생멀치
   피복작물과 생멀치 194~201
   생멀치와 병해 관리 194~201
   생멀치 식물 사용의 잠재적 단점 087
   생멀치용 동반식물 활용 방법 086~087
   생멀치 기능을 하는 동반식물 088~098
   잡초 관리와 생멀치 083
생물 다양성 022, 049, 050, 057, 084, 280
생물학적 조절 026, 027, 218~249
생울타리 249
생체조절 218, 219
생태계 교란종 046
샤스타데이지 233
서식지 026, 049, 186, 224, 226
섞어짓기 017, 018, 019, 021, 024, 025, 026, 027, 030~034
선인장 039, 219, 240
성상화류 233, 249, 267
세 자매 농법 009, 107
세균(세균성 실병) 161, 176, 193, 194, 195
세이지 살비아 참조
셉토리아 반점병 197, 208
솜깍지벌레 219
쇠비름 099, 100
수관기피 044
수단그라스 195, 196
수동적 035
수박 067, 102, 108, 122, 197, 208, 209, 262, 264

수분 026, 251
   진동수분 257, 260
   다양성과 수분 276
   수분을 개선하기 위한 동반식물 257~272
   토종 벌과 수분 252~255
수분 매개 곤충을 위한 안식처 273~275
수분 보전 013
수수 114, 115, 131, 148
숙주식물 025, 045, 050, 067
순무 080, 179, 182
순환작부체계 198, 210
스위치그라스 243
스쿼시 152, 163, 197, 199, 252, 262
스트렙토미세스균 205
시금치 064, 067, 074, 267
시듦병 193, 195, 201, 202, 208, 214
   버티실리움 시듦병 195, 202, 206
   푸사리움 시듦병 208, 209, 215
식물 군집 018
식물 파트너(십) 019, 100, 106
식물성 적혈구 응집소 피토헤마클루티닌 참조
식생 공동체 018
식생 이웃관계 018
식용 박 114
십자화과식물 059, 089, 098, 103, 140, 150, 155, 156, 157, 164, 168, 172, 175, 180, 182, 191, 200, 205, 206, 228, 233, 239, 242
썩음병 197
   뿌리썩음병 193, 195, 200, 201, 210
   솜털썩음병 193
   스클레로티나 줄기썩음병 206
   줄기(관부)썩음병 193, 206
쐐기노린재 228

쑥국화 171

ㅇ
아니스 235
아마란스 108, 116, 119
아스파라거스 096, 157, 242
아스테르속식물 233, 249
안젤리카 228
알리섬 189, 190, 236, 245
알팔파(자주개자리) 047, 048, 076, 086, 158
암모니아 67
애벌레류 해충 235
양미역취 047
양배추 067, 089, 092, 094, 099, 134, 150, 155, 156, 175, 179, 180, 183, 190, 191, 228, 233, 267
  싹양배추 089
양치류 096, 171
양파 135, 161, 164, 167, 182, 190
엘더베리(류) 187, 188, 249, 248, 273
여주 119, 120
예초 060, 064, 065, 087, 089, 091, 092, 094, 095, 098, 100, 103, 121, 239, 243
오레가노 235, 245, 264
오이 048, 049, 062, 067, 099, 102, 105, 120, 128, 163, 197, 255, 262
오이 모자이크병 215
오크라 132, 133, 211
옥수수 060, 062, 067, 070, 072, 102, 107, 111
완두 059, 064, 067, 068, 070, 072, 074, 076, 124, 259
  깍지완두 124
  껍질완두 124

슈거스냅완두 124
울타리 074, 185~189
월동 서식지 049, 218, 219, 241, 243, 246, 249
위장 141, 142, 159, 160~171, 172, 179
유인-박멸 146
유인작물(트랩작물) 146, 147, 148, 150, 151, 152, 154, 156, 158, 159
유채 103, 205
육종 079, 080, 215
으뜸애꽃노린재 228, 239, 240, 245
은무늬나방 140, 180, 190
응애 146, 148
익충
  익충 유인하기 226~240
  천적유지식물 225
  자연적 해충 포식 확대 222~224
  안식처를 제공하는 동반식물 241~246
잎채소 064, 067, 074, 228, 229. 267

ㅈ
자가번식 128
자가수분 257, 259, 267
자가중독 102
자가채종 267
자연드릴 080
자연경운 053, 056
자연 덩굴시렁 106~135
자원집중 가설 160
작물순환(체계) 030, 183
작살나무 249
잡초 관리 019, 047, 083~103
잡초 억제 013, 060, 095, 099, 208
장님노린재 148, 158
장식정원 022

저장용 호박 062, 090, 191
적합·부적합 착륙 이론 145
전동싸리근립균 076
정주처 049, 057, 084, 279, 280
정주체계(정주체) 024, 137, 138, 160, 221,
　　226, 273
제비콩 072
제초제 092, 094, 100
젬마리골드 245
조롱박 101, 105, 108, 114
주키니 060, 152, 163, 262
줄무늬노린재 148, 157
중심화 233
지피식물 022, 028, 245
진동수분 260, 276
진딧물 168, 222~225
　　진딧물 제어 228~229, 236
　　양배추 진딧물 239
질산염 067
질소고정 042, 056, 057, 059, 062, 064,
　　068, 070, 072, 074, 076, 077, 090, 094,
　　208
질소전환 026, 67~76

서양꽃총채벌레 167
양파총채벌레 167
최저 기온 062
추대 072
추운 계절용 058, 059, 060, 062, 065, 070,
　　072, 074, 080, 086, 095
충해 관리 137
　　곤충 매개 질병 억제하기 197~198
　　낮은 키의 피복작물과 충해 관리 190
　　땅속 해충과 충해 관리 190
　　산란을 방해하는 동반식물과 충해 관리
　　　172~183
　　생울타리와 충해 관리 185~189
　　위장하기 대 격퇴하기 142
　　적합·부적합 착륙 이론 145
　　주 작물 위장을 위한 동반식물 160~171
　　충해 관리 전략 138~145
　　트랩 경작을 위한 동반식물과 충해 관리
　　　146~158
　　해충의 이동을 방해하는 동반식물과
　　　충해 관리 185~191
침입종 046, 047, 059, 128, 219
침종 076

ㅊ

차요테 116, 118
착지점 259
채종 267
천연훈증제 195, 201
천적 222, 225, 226, 240, 245, 247
천적유지식물(뱅커식물) 028, 225
청경채 155
청회색호박 152
초식동물 유인 휘발성 물질 042
총채벌레 167, 240

ㅋ

카밀레 172, 175
컨테이너 024
캐러웨이 235
케일 064, 067, 074, 089, 134, 150, 155,
　　229, 233, 267
코스모스 233, 267
콜라드 074, 120, 168, 267
콜로라도감자잎벌레 139, 148, 171, 228,
　　230
콜리플라워 089, 094, 150, 156, 206, 233

콩과식물 042, 056, 057, 059, 062, 067,
　　068, 069, 070, 074, 076, 084, 087, 089,
　　090, 092, 094, 208, 259
쿠카멜론 121, 122
퀴노아 119, 120
크라운베치 208
크랜베리 252
크림슨클로버 059, 062, 063, 065, 085,
　　087, 089, 190, 209, 240, 241, 242, 260
큰금계국 233
큰딱부리긴노린재 245

ㅌ

타감작용 025, 046~048, 099
　　잡초 관리와 타감작용 083
　　타감작용을 위한 동반식물 099~103
타감물질 077, 088
타라곤 245
타임 086, 142, 179, 180, 190, 235, 245,
　　264
탄소고정 022
탄소환원농법 013
털여뀌 128
테라 프레타 013
토끼풀 086, 091, 092, 183, 190, 199
　　땅토끼풀 092, 094, 099
　　붉은토끼풀 085, 090
　　진홍토끼풀 크림슨클로버 참조
토마토 047, 049, 060, 067, 072, 086, 087,
　　092, 099, 102, 140, 147, 151, 155, 158,
　　164, 167, 176, 179, 195, 206, 208, 209,
　　211, 213, 240, 257, 259
　　페루 작은 토마토(커런트 토마토) 132,
　　　133
토마토박각시나방 176, 222, 235

토양 경화 056, 198
토양
　　토양 항균화합물 194~195
　　토양 경질화 079
　　토양 준비와 조절 053
　　단단한 토양을 부수는 동반식물
　　　077~080
　　토양 병원균 증가 방해하기 198~201
　　땅속 해충 190
　　토양 유래 질병을 관리하는 동반식물
　　　202~210
　　토양 조절을 위한 동반식물 059~064
토양 건강
　　토양 구조와 비옥도 026, 198
　　토양 개선 198
　　토양 건강과 채소 텃밭 054~056
토착식물 249
톱풀류 187, 188, 233
퇴비 056
투구꽃 259
트랩 경작 146~159
티토니아 멕시코해바라기 참조

ㅍ

파프리카 154
포도 085, 086, 122, 225, 236,
포식 026, 160, 222, 233, 236, 244
　　포식곤충 092, 218, 228, 230, 239, 240,
　　　273
　　포식기생적 222
　　포식기생충 084, 222, 224, 239
포식자 044, 161, 217, 218, 219, 222, 224,
　　226, 240, 241, 246, 247
포획 025
풀기다루드베키아 233, 254, 264, 267

풀잠자리 221, 222, 225, 228, 240
풀협죽도 246, 259
풋콩 074
풍매작물 111, 267
피복작물 057~058
    겨울 밀 062
    겨울 호밀 060
    귀리 059
    동부 064
    메밀 059, 066
    생멀치와 피복작물 194~201
    수단그래스 195
    크림슨클로버 062
    피복작물 활용법 065~066
피토헤마클루티닌 135
피트모스 118, 122, 135
피티움 195, 200

ㅎ

하늘바라기 246, 264
한련화 163
해바라기 047, 112, 148, 187, 233, 252, 257, 267
허리노린재 148
허브 024, 168, 171, 172, 175, 226, 228, 235, 245, 249, 264
헤어리베치 208, 209
협력관계(식물 협력관계) 019, 021, 038, 068, 070
호밀 047, 059, 060, 096, 099, 100, 102, 197, 202, 210
호박 009, 062, 090, 098, 108, 114, 116, 152, 157, 197, 252, 262
    페포호박 092, 112, 121
호박과실파리 009

호박노린재 148, 152, 163, 172
호박유리나방 152
호박은피병 098
혼작 018, 026, 030, 031, 084, 091, 138, 145, 159, 160, 191
화분식물 269
화살나무 깍지벌레 219
화상병 193
화학적 단서 141
화학적 분비물 035
화학적 신호 021, 042, 043, 044
회색담배나방 190, 235
회향 223, 228, 229, 235
후드 모양의 꽃 257, 259
휘발성 화학물질 021, 035, 042, 141, 142, 160, 171
흰가루병 211
흰비단병 193
히솝 172

찾아보기

부록
주 작물별 동반식물 관계

식물 동반관계를 텃밭에 어떻게 구현할지 구상할 때 유용하도록 별난 농부들이 정리해 보았다. 책의 내용을 숙지한 후에 나의 상황에 맞게 실험해 보고 주의하며 활용하기를 바란다. /는 해충이나 병해 앞에 사용했고, ++는 익충 앞에 사용했다.

감자

토양 개선	잡초 관리	충해 관리
덩굴강낭콩 질소 70쪽 방법: 섞어짓기	**유채** 타감작용 103쪽 방법: 가을 피복작물	**쑥국화, 개박하** 위장 /콜로라도감자잎벌레 171쪽 방법: 섞어짓기

병해 관리	생물학적 조절	수분
귀리, 겨울 호밀 /시듦병 202쪽 **십자화과식물** /감자더뎅이병 205쪽 방법: 가을 피복작물	**딜, 고수** /콜로라도감자잎벌레 230쪽 방법: 섞어짓기	

고추·파프리카

토양 개선	잡초 관리	충해 관리
동부 질소 72쪽 방법: 섞어짓기	**동부** 생멀치 97쪽 방법: 섞어짓기	**매운 체리고추** 트랩/고추구더기 154쪽 방법: 섞어짓기 **파·마늘류** 위장/진딧물 161쪽 방법: 섞어짓기

병해 관리	생물학적 조절	수분
당근, 비트, 강낭콩 공기 순환 211쪽 방법: 피복작물, 섞어짓기 **겨자** 피복, 생멀치-정진균작용 194~195쪽 방법: 피복작물, 섞어짓기	**딜, 고수** /콜로라도감자잎벌레 230쪽 방법: 섞어짓기	**금어초, 밥티시아, 투구꽃, 루핀류, 레몬밤, 풀협죽도, 살비아** 진동 수분 ++호박벌 257~259쪽 방법: 섞어짓기, 화단 조성

가지

토양 개선	잡초 관리	충해 관리
동부 질소 72쪽 방법: 섞어짓기		

병해 관리	생물학적 조절	수분
당근, 비트, 강낭콩 공기 순환 211쪽 방법 : 피복작물, 섞어짓기	**딜, 고수** /콜로라도감자잎벌레 230쪽 방법: 섞어짓기	**금어초, 밥티시아, 투구꽃, 루핀류, 레몬밤, 풀협죽도, 살비아** 진동 수분 ++호박벌 257~259쪽 방법: 섞어짓기, 화단 조성

토마토

토양 개선	잡초 관리	충해 관리
동부 질소 72쪽 방법: 섞어짓기		**동부** 트랩 /풀색노린재 151쪽 방법: 섞어짓기 **바질** 위장 /총채벌레 167쪽 방법: 섞어짓기 **타임, 바질** 산란 방해 /박각시나방 애벌레 /거염벌레 176~179쪽 방법: 섞어짓기

병해 관리	생물학적 조절	수분
헤어리베치 /토양 유래 시듦병 /반점병 208쪽 방법: 가을 피복작물	**딜, 고수** /콜로라도감자잎벌레 230쪽 방법: 섞어짓기	**금어초, 밥티시아, 투구꽃, 루핀류, 레몬밤, 풀협죽도, 살비아** 진동 수분 ++호박벌 257~259쪽 방법: 섞어짓기, 화단 조성

상추

토양 개선	잡초 관리	충해 관리
완두 질소 72~73쪽 방법: 섞어짓기		

병해 관리	생물학적 조절	수분
십자화과식물 /토양 유래 시듦병 /줄기썩음병 206쪽 방법: 피복작물, 경운	**딜, 회향, 알리섬** /진딧물 228~229쪽, 236~237쪽 방법: 섞어짓기 **사초류**(다발풀) 안식처 ++딱정벌레 243~244쪽 방법: 딱정벌레 둔덕	**허브류, 코스모스, 해바라기, 데이지** 자가채종 ++꼬마꽃벌 264~267쪽 방법: 섞어짓기, 화단 조성

포도

토양 개선	잡초 관리	충해 관리
	타임, 토끼풀, 알팔파 86쪽 방법: 생멀치	**알리섬** /진딧물 236쪽

병해 관리	생물학적 조절	수분
		화초류 ++머리뿔가위벌 ++애꽃벌 268~272쪽

호박

토양 개선	잡초 관리	충해 관리
	붉은토끼풀, 겨자 생멀치 90쪽, 98쪽 방법: 섞어짓기	**청회색호박** /호박노린재 /호박유리나방 애벌레 트랩 152~153쪽 방법: 섞어짓기 **한련화** /호박노린재 위장 163쪽 방법: 섞어짓기

병해 관리	생물학적 조절	수분
호밀 /썩음병 197쪽 방법: 가을 피복작물, 생멀치		**(더 많은) 호박** ++스쿼시벌 262~263쪽 방법: 섞어짓기

십자화과식물   배추, 무, 케일, 콜리플라워, 브로콜리, 양배추

토양 개선	잡초 관리	충해 관리
콩과식물 질소 64쪽, 74쪽 방법: 섞어짓기	**크림슨클로버** 생멀치 89쪽 방법: 섞어짓기 **땅토끼풀** 생멀치 92쪽 방법: 섞어짓기	**무, 청경채** /벼룩잎벌레 155쪽 **콜라드** /배추좀나방 애벌레 트랩 150쪽 방법: 섞어짓기 **파, 겨자** /벼룩잎벌레 156~157쪽, 164쪽 **금잔화** /진딧물 위장 168~169쪽 방법: 섞어짓기 **살비아, 딜, 카밀레, 히솝** /배추벌레 172~173쪽 **마리골드, 토끼풀** /고자리파리 182~184쪽 **타임** /배추벌레 /은무늬나방 애벌레 산란 방해 180쪽 방법: 섞어짓기

병해 관리	생물학적 조절	수분
십자화과식물(겨자, 유채) /토양 유래 시듦병 /줄기썩음병 206쪽 방법: 가을 피복작물	**딜, 회향** /진딧물 228쪽 **레이시 파켈리아** /진딧물 /기타 해충 239쪽 **당근류, 민트류** /애벌레류 235쪽 **풀기다루드베키아, 코스모스** /진딧물 익충 유인 233쪽 방법: 섞어짓기, 화단 조성 **크림슨클로버** ++포식거미 안식처 241쪽 방법: 피복작물	**허브류, 코스모스, 해바라기, 데이지** 자가채종 ++꼬마꽃벌 264~267쪽 방법: 섞어짓기, 화단 조성

주 작물이 있는 혼작 예시

■ **주 작물**
고추

■ **사이짓기 작물**(공기 순환: 작은 키+짧은 작기 후보 작물)
양상추, 브로콜리, 콜리플라워, 케일, 땅콩, 강낭콩, 콩

■ **병충해 관리용 식물**
바질, 딜, 고수, 마리골드, 금잔화, 살비아, 회향, 알리섬, 파마늘류

■ **천적유지식물**(뱅커식물)
청경채, 매운 체리고추

■ **딱정벌레 둔덕**
다발풀(사초류), 화초류

▨ **헛골 생멀치**
겨자, 연중 3회 예초

⋯ **헛골 생멀치**
밀/보리, 연중 3회 예초

밭 크기
10×40제곱미터(이랑 폭 60센티미터, 고랑 폭 40센티미터)

천적유지식물

딱정벌레 둔덕

주 작물이 있는 혼작 예시

동반식물로 가꾸는 텃밭·정원 안내서
Plant Partners:
Science-Based Companion Planting Strategies for the Vegetable Garden

글　제시카 월리서 Jessica Walliser
서문　제프 길먼 Jeff Gillman PhD
번역　별난 농부들

1판 1쇄 펴낸날　2023년 3월 24일

펴낸이　전은정		이메일　　moonlittree@naver.com
펴낸곳　목수책방		블로그　　post.naver.com/moonlittree
출판신고　제25100-2013-000021호		페이스북　moksubooks
대표전화　070-8151-4355		인스타그램　moksubooks
팩시밀리　0303-3440-7277		스토어　　smartstore.naver.com/moksubooks

디자인　studio fttg
제작　야진북스

ISBN　979-11-88806-39-3　03520
가격　25,000원

Plant Partners:
Science-Based Companion Planting Strategies for the Vegetable Garden
Text © 2020 by Jessica Walliser, Jeff Gillman PhD (Foreword)
Originally published by Storey Publishing LLC in the United States
All rights are reserved.

Korean Copyright © 2023 by Moksu Publishing Co.
Published by arrangement with Storey Publishing LLC, Massachusetts, USA
Through Bestun Korea Agency, Seoul, Korea
All rights are reserved.

이 책의 한국어 판권은 베스툰 코리아 에이전시를 통하여
저작권자인 Storey Publishing LLC와 독점 계약한 목수책방에 있습니다.
저작권법에 의해 한국 내에서 보호를 받는 저작물이므로
어떠한 형태로든 무단 전재와 무단 복제를 금합니다.